HELEN PLUM MEMORIAL LIBRARY

WITHDRAWN

3 1502 00813 2464

W9-BRM-474

latin d'lite

latin d'lite

deliciosas recetas latinas con un toque saludable

ingrid hoffmann

A CELEBRA BOOK

**HELEN PLUM LIBRARY
LOMBARD, IL**

Celelbra
Published by the Penguin Group
Penguin Group (USA) Inc., 375 Hudson Street,
New York, New York 10014, USA
Penguin Group (Canada), 90 Eglinton Avenue East, Suite 700, Toronto,
Ontario M4P 2Y3, Canada (a division of Pearson Penguin Canada Inc.)
Penguin Books Ltd., 80 Strand, London WC2R 0RL, England
Penguin Ireland, 25 St. Stephen's Green, Dublin 2,
Ireland (a division of Penguin Books Ltd.)
Penguin Group (Australia), 707 Collins Street, Melbourne, Victoria 3008,
Australia (a division of Pearson Australia Group Pty. Ltd.)
Penguin Books India Pvt. Ltd., 11 Community Centre, Panchsheel Park,
New Delhi–110 017, India
Penguin Group (NZ), 67 Apollo Drive, Rosedale, Auckland 0632,
New Zealand (a division of Pearson New Zealand Ltd.)
Penguin Books (South Africa), Rosebank Office Park, 181 Jan Smuts Avenue,
Parktown North 2193, South Africa
Penguin China, B7 Jiaming Center, 27 East Third Ring Road North,
Chaoyang District, Beijing 100020, China

Penguin Books Ltd., Registered Offices:
80 Strand, London WC2R 0RL, England

Published by Celebra,
a division of Penguin Group (USA) Inc.

First Printing (Spanish Edition), April 2013
10 9 8 7 6 5 4 3 2

Copyright © Ingrid Hoffmann, 2013
Photography by Andrew Meade
All rights reserved. No part of this book may be reproduced, scanned, or distributed
in any printed or electronic form without permission. Please do not participate in or
encourage piracy of copyrighted materials in violation of the author's rights. Purchase
only authorized editions.

CELEBRA and logo are trademarks of Penguin Group (USA) Inc.

CELEBRA SPANISH-EDITION ISBN: 9 7 8 -0 -4 5 1 -4 16 2 8 -5

THE LIBRARY OF CONGRESS HAS CATALOGED THE ENGLISH-LANGUAGE EDITION OF THIS TITLE AS
FOLLOWS:
Hoffmann, Ingrid.
Latin D'lite: delicious Latin recipes with a healthy twist/Ingrid Hoffmann.
p. cm.
Includes index.
ISBN 978-0-451-41627-8
1. Cooking, Latin American. 2. Low-fat diet—Recipes.
3. Low-calorie diet—Recipes. I. Title.
TX716.A1H613 2013
641.598—dc23   2012032959

Set in Archer
Designed by Pauline Neuwirth

PUBLISHER'S NOTE
The recipes contained in this book are to be followed exactly as written. The publisher
is not responsible for your specific health or allergy needs that may require medical
supervision. The publisher is not responsible for any adverse reactions to the recipes
contained in this book.

While the author has made every effort to provide accurate telephone numbers,
Internet addresses and other contact information at the time of publication, neither the
publisher nor the author assumes any responsibility for errors, or for changes that occur
after publication. Further, publisher does not have any control over and does not assume
any responsibility for author or third-party Web sites or their content.

3 1502 00813 2464

A mi padre

Papi, te dedico este libro porque tú defines todo lo que tiene significado para mí. Gracias por predicar con el ejemplo y enseñarme la importancia de una gran ética laboral; por siempre incitarme a encontrar un trabajo que me gustara y a hacerlo con pasión. Gracias por compartir tu amor por la comida conmigo y siempre destacar la importancia de vivir una vida sana llena de equilibrio. ¡Te extrañaré siempre!

A Delia

Has sido el pilar de mi negocio, una amiga de confianza por muchos años y mi motor. Gracias por todo tu duro trabajo, amor y dedicación a Ingrid Inc. Te quiero y te estoy agradecida. ¡Tú has hecho posible este libro!

A toda nuestra gente que trabaja arduamente en los campos para que podamos comer.

contenido

introducción

siempre me ha gustado y he estado obsesionada con la comida. Mi vida —personal y profesional— gira en torno a ella. Mis mejores recuerdos están vinculados a la comida y a aquellas cenas compartidas con mi familia y mis amigos.

A veces, la comida me ha gustado demasiado y muy a menudo. Siempre que intenté la loca dieta del momento —baja en carbohidratos, sin carbohidratos, baja en grasas, sin grasas— fracasé porque me sentía privada y con hambre, lo que me hacía regresar a mis viejas costumbres y a perder el control de lo que comía.

En algún momento me di cuenta de que no podía seguir comiendo o bebiendo como lo hacía. Las libras seguían acumulándose en mis caderas y mi cintura, y se hizo cada vez más difícil deshacerme de ellas. Cuando me diagnosticaron una enfermedad inflamatoria, entendí por qué siempre me sentía tan débil y cansada. Mi propia investigación y las conversaciones con médicos y expertos en nutrición me mostraron que gran parte de lo que comía estaba teniendo un efecto negativo en mi salud y bienestar. Sabía que tenía que cambiar mi forma de cocinar y mis hábitos alimenticios, así como mi forma de pensar acerca de la comida. Estaba decidida a encontrar un nuevo enfoque y cambiar mi estilo de vida en lugar de volver a las dietas y a privarme de ciertos alimentos. La gran pregunta era, ¿podría hacerlo sin renunciar a los intensos y abundantes platos latinos que adoraba y que había comido toda mi vida? ¿Significaba esto que todavía podría comer arroz con frijoles? ¿Los platos sudamericanos de carne de mi infancia? ¿Las paellas y moles de mis viajes?

La respuesta es ¡sí!

Fui capaz de mejorar mi salud cambiando mis hábitos alimenticios, pero manteniéndome fiel a mis raíces y patrimonio culinario. *Latin D'Lite* es la culminación de esta búsqueda y ofrece más de 150 de mis recetas favoritas de América Latina y España. Estos platos son más ligeros y saludables, sin embargo están llenos de los mismos intensos sabores que se encuentran en las preparaciones tradicionales.

El secreto de mi sistema es hacer cambios pequeños pero significativos en la forma en que cocino y como. Solía poner tres cucharadas de azúcar en cada taza de café, pero lo reduje a dos, luego una y ahora bebo el café negro, sin leche ni endulzantes. En lugar de dos rebanadas de pan blanco tostado con mantequilla y mermelada o queso para el desayuno, como claras de

huevos orgánicos revueltas con verduras o bebo un batido de fruta con leche descremada y una cucharada de proteínas en polvo. Me aseguro de que haya por lo menos una verdura o ensalada en mi plato en cada comida. Cocino más pescado, pollo y carne de ave, y menos carne roja. Cuando estoy con deseos de harinas, como arroz integral, tubérculos o quinua. Uso menos grasas, y casi no uso mantequilla, pero le doy sabor a mi cocina con hierbas, jugos cítricos y diferentes vinagres. Disfruto de los bocadillos entre comidas —como la mitad de un aguacate o un pedazo de fruta— porque son las meriendas saludables las que evitan que me de un hambre devoradora y coma en exceso cuando me siento a la mesa. Jamás podría cocinar sin mis queridos ajíes, especias, frutas tropicales y tubérculos. Afortunadamente son bajos en calorías y grasa, por lo que sigo disfrutando de los sabores y alimentos latinos que adoro. Además, me enseñé a pensar de dónde viene mi comida. ¿Vino de la tierra o de una lata?, ¿tuvo mamá? Procuro comer lo que está cerca de la naturaleza y permanezco lo más lejos posible de los alimentos procesados.

Mis recetas en *Latin D'Lite* también permiten darse un gusto ocasional, pero haciendo estos cambios saludables y manteniéndose fiel a ellos. Sí, así es: ¡un gusto! Al final de cada capítulo hay una receta para darse un gusto. Creo firmemente que deberíamos poder comer lo que queramos, con moderación.

A través de cambios simples pero efectivos, tales como la sustitución de ingredientes saludables por aquellos no tan saludables y dejando espacio para un antojo ocasional, he aprendido a mantener mi peso, mejorar mi salud y nunca sentirme privada de nada. Este cambio de estilo de vida ha significado una enorme diferencia en mi día a día y sé que mi enfoque puede funcionar para ti también.

Recuerda, si yo puedo hacerlo, tú también puedes.

Con cariño y gratitud,
Ingrid

ingredientes y sustituciones saludables

para mí, hacer cambios en mi estilo de vida y comprometerme a vivir bien significa pensar en qué ingredientes me entregarán más sabor y menos calorías. Descubrí que no extrañé la mantequilla, el queso, el azúcar y otros alimentos altos en calorías y en grasa cuando empecé a usar más hierbas, especias y otros condimentos y sustituciones saludables. Estos son los ingredientes que siempre tengo en mi despensa, y no puedo vivir sin ellos.

HIERBAS, ESPECIAS Y OTROS CONDIMENTOS

La comida siempre sabe mejor cuando está bien condimentada. Me parece que esto es especialmente cierto cuando se cocina sin un montón de ingredientes ricos en grasas como la mantequilla, la crema y otros productos lácteos. Siempre prueba tu comida mientras estás cocinando para saber si necesita otra pizca de sal o una medida de algunas hierbas frescas.

hierbas

Las hierbas aromáticas —las hojas de ciertas plantas— son mejores cuando están frescas. Las hierbas frescas están disponibles en casi todas partes, pero si tienes que usar hierbas secas, aplástalas con un mortero o en tus manos para liberar sus aceites esenciales y resaltar sus sabores. Para mantener las hierbas frescas por el mayor tiempo posible, envuélvelas en una toalla de papel húmeda y ponlas en una bolsa plástica. Lávalas justo antes de usarlas.

La **albahaca** realza ensaladas, aderezos y platos de pescado con su leve sabor a regaliz. Añade unas hojas de albahaca picadas sobre sopas y guisos. Combina la albahaca con platos de verduras, especialmente si se trata de tomates.

Las **hojas de laurel** sueltan su sabor durante la cocción. Busca hojas de laurel turcas, son las mejores. Añade una o dos hojas de laurel enteras a las sopas, guisos y platos de mariscos. Asegúrate de desechar las hojas antes de servir, porque tienen bordes cortantes y quedan con un sabor desagradable.

El **cilantro** es una hierba con la que no puedo dejar de cocinar. Uso puñados de ella en salsas, sopas y guisos. Me parece que sacar todas las hojas de los tallos es una pérdida de tiempo además de innecesario, por lo que pico los tallos al igual que las hojas. El cilantro puede ser muy arenoso, así que lávalo muy bien en varios cambios de agua antes de picarlo.

La **menta** se puede utilizar en platos dulces y salados. La hierbabuena o menta verde y la menta piperita son las que utilizo con más frecuencia, pero también me gusta probar las variedades más exóticas, como la menta manzana y la menta chocolate, que se encuentran en los mercados de agricultores. Machaca unas hojas de menta para preparar cócteles; añádela a salsas y ensaladas.

El **orégano** proviene del viejo mundo, el Mediterráneo, así como del nuevo mundo, México. A pesar de que las diferentes variedades tienen perfiles de sabor similares, vienen de dos plantas distintas. El orégano mexicano tiende a ser más fuerte y menos dulce que su hermano del Mediterráneo. Se pueden utilizar indistintamente, así que no te preocupes si no encuentras orégano mexicano. Y si no encuentras orégano fresco, usar orégano seco es perfectamente aceptable. Cualquiera que sea el tipo que utilices —mediterráneo o mexicano— añádelo al empezar a cocinar tus verduras, carnes u otros ingredientes para que tenga tiempo para desarrollar su sabor.

El **perejil** agrega un sabor fresco y vibrante si se usa al cocinar o como aderezo. Prefiero el perejil italiano de hoja plana con su sabor ligeramente picante que se mantiene mejor al cocinarlo que el del perejil rizado. A menudo lo utilizo en combinación con el cilantro. Ten siempre un ramillete a mano para usar cada vez que un plato necesite una pizca de color verde fresco y de un delicioso sabor herbal.

El **romero** tiene un intenso aroma a pino limón y un sabor que va bien con frijoles, pollo,

cerdo y estofados. Saca las hojas —o agujas— de los tallos antes de añadirlo a tu comida. No dejes de probar mi Almíbar de romero (página 281) en cócteles.

El **tomillo** es otra hierba mediterránea que se ha vuelto popular en todas partes. Remueve las pequeñas hojas de los tallos y utilízalas en recetas con tomates, aceitunas y cebollas. El tomillo es un gran compañero de otras hierbas, por lo que puedes usarlo en combinación con el perejil, el romero y el orégano.

especias

Reconocemos las diferentes tradiciones culinarias por los tipos de especias que se encuentran en los platos. Un plato de pollo con azafrán y pimentón ahumado nos dice España, pero si se hace con un *bouquet garni* —ramillete de hierbas— de laurel, tomillo y perejil, grita Francia. La comida latina es bien conocida por su abundante uso de especias. Éstas son las que debes tener en tu despensa, en recipientes cerrados lejos de la luz:

El **comino** imparte un sabor singular a nuez y pimienta a las verduras, granos, pescados y carnes. Mantén semillas de comino y comino molido en tu despensa.

El **azafrán** le da un suave tono amarillo-anaranjado a la paella y otros platos. Es caro porque los hilos de color naranja de la planta del azafrán se cosechan a mano. Un poquito de azafrán español de alta calidad —es el mejor— rinde bastante. Y ten cuidado al comprar: la cúrcuma barata a veces se vende como sustituto.

La **sal** viene en muchas variedades: la kosher es la que uso más que ninguna otra al

cocinar. La sal fina de mesa tiene aditivos que mantienen separados los cristales para que puedan fluir libremente, por lo que es ideal para hornear. La sal de mar fina o gruesa es justamente eso, la sal que queda después de que se ha evaporado el agua de mar. Debido a que tiene un sabor vibrante y salobre, no desperdicies la costosa sal de mar en cocciones generales, como para salar el agua en que hierves la pasta. Espolvoréala sobre la comida para un toque final de sal.

El **pimentón** proviene de pequeños ajíes rojos que se secan y luego se ahúman en las regiones de Murcia o La Vera en España. Utiliza sólo un poco para dar un sabor ahumado —como de cocina a leña— a la paella y los platos con pollo. Hay tres tipos de pimentón: el pimentón dulce tiene un toque de dulzura y es de color naranja claro; el pimentón agridulce tiene un golpe de picor y es más oscuro; y el pimentón picante es justamente lo que dice su nombre. Tengo los dos primeros en mi despensa. Si bien alguna vez fue difícil de encontrar, excepto en tiendas gourmet, el pimentón ahora está disponible en los supermercados de todo el mundo.

otros condimentos

El **achiote** le da un color rojo oxidado y un toque picante a la comida. En lugar de utilizar las semillas directamente, calienta ½ taza de ellas en 1 taza de aceite de canola u otro aceite vegetal y cuélalo. Es el aceite el que se utiliza para cocinar pollo, pescado, carne de res, de cerdo o arroz. El aceite colado se mantendrá fresco en el refrigerador durante 1 mes. El achiote también viene en pasta y en polvo. Usa guantes para manipularlo, ya que también se utiliza como tinte y mancha las manos.

El **adobo** es un condimento considerado la sal y pimienta de la comida latina. Simplemente no puedes cocinar sin él. Una mezcla de especias a base de hierbas, ají en polvo, sal, comino y otros condimentos, el adobo se usa en todo, desde sopas hasta guisos, pollo y mariscos. Si bien existen mezclas comerciales de adobo, me parece que son demasiado saladas, así que hago mi propio Adobo Delicioso. Prueba mi receta, pero no dudes en duplicar las cantidades que doy a continuación o adaptarlo a tu gusto añadiendo más o menos de cada ingrediente. La receta que está a continuación rinde poco menos de 1 taza. Tu adobo será tan bueno como tus ingredientes; asegúrate de que sean frescos.

ADOBO DELICIOSO

- 2 cucharadas de condimento de pimienta con limón
- 2 cucharadas de ajo en polvo
- 2 cucharadas de cebolla en polvo o en hojuelas
- 2 cucharadas de orégano seco
- 2 cucharadas de hojuelas de perejil seco
- 2 cucharadas de achiote en polvo
- 1 cucharada de comino molido
- 2 cucharadas de sal kosher

Combina todos los ingredientes en un pequeño frasco de vidrio con tapa hermética y agita bien para que se mezclen. Mantén en un lugar fresco y oscuro hasta por dos meses.

FRIJOLES Y GRANOS

El **arroz** y los **frijoles** han alimentado a las personas durante siglos. Juntos forman una proteína completa que es esencial para el crecimiento y el desarrollo del cuerpo. Cuando era niña, mi familia comía arroz blanco y frijoles en cada comida sin importar en qué país viviéramos. Hoy día sigue siendo uno de mis platos favoritos, pero me parece que una pequeña porción es suficiente. Y ambos son económicos; una libra de frijoles secos, que tiene un alto contenido de proteínas y fibra, rendirá 14 porciones que puedes guardar y congelar para múltiples comidas.

Los frijoles vienen en un arcoíris de colores y un sinfín de variedades: negros, rojos, pintos, habas, lima, blancos. Cuando tengo tiempo, dejo remojando los frijoles secos durante la noche con un poco de bicarbonato de sodio para que sean fáciles de digerir y los cocino al día siguiente. Si no, cocino los frijoles en mi olla de presión, donde no requieren de remojo.

¡Revisa la fecha de los frijoles y guisantes secos para asegurarte de que no han estado en los estantes del supermercado por mucho tiempo! Cuanto más tiempo hayan estado ahí, más tiempo se tardarán en cocer. ¡Y no deseches ese delicioso caldo de frijol! Úsalo como salsa.

Mi despensa también está llena de frijoles en lata, porque no hay nada más cómodo cuando se desea una comida rápida y saludable. Siempre enjuaga y cuela bien los frijoles enlatados para deshacerte del exceso de sal, a menos de que se indique lo contrario en una receta.

Si bien crecí comiendo arroz blanco y todavía lo hago de vez en cuando, por estos días prefiero el arroz integral; conserva mejor sus nutrientes que el blanco. Es cierto que toma más tiempo para cocinar que el arroz blanco, pero échale un vistazo a mi receta de arroz integral que se hace rápidamente en una olla de presión (página 234).

La **quinua** es una semilla milenaria que se cultivó por primera vez a ambos lados de la Cordillera de los Andes en Bolivia y Perú. Aunque se ha vuelto más popular en los últimos años, mi familia la comía a menudo porque era un alimento básico en la mesa de mi abuelo boliviano, Eduardo Ybarnegaray, cuando él era niño. Llena de aminoácidos esenciales y minerales muy saludables, la quinua, que no tiene gluten, puede ser utilizada como sustituto del arroz o las pastas, y puede servirse caliente o fría en ensaladas y sopas. Lo mejor de todo es que la quinua se cocina en menos de 5 minutos.

ENDULZANTES

Como me he enseñado a comer menos alimentos procesados, he descubierto todo un nuevo mundo de ingredientes que pueden utilizarse como endulzantes. Algunas recetas requieren de azúcar refinada blanca, morena o pulverizada, o miel, lo que está bien. No necesariamente tienes que sacrificar el gusto por el valor nutricional. Pero como he mencionado antes, el estilo Latin D'Lite es utilizar estos ingredientes con moderación.

La **stevia**, conocida también como hoja dulce, proviene de una hierba sudamericana. Es mi endulzante favorito porque no contiene calorías ni carbohidratos y está disponible en tabletas, líquido o polvo. Yo prefiero utilizar el polvo que viene en paquetes individuales. La stevia es, sin embargo, muy dulce, así que utiliza sólo una gota o pizca para empezar.

El **néctar de agave** es un endulzante natural de color marrón que proviene de la misma planta que el tequila. Como no tiene un sabor distintivo o regusto, el agave se puede utilizar en batidos, salsas y otros platos que necesitan un toque de dulzura. Se puede usar indistintamente agave claro u oscuro. Sustituye con 1/3 de taza de agave cada taza de azúcar.

El **coco**, específicamente los copos u hojuelas de coco dulcificados, se puede utilizar como endulzante en batidos y postres. También lo utilizo para rebozar filetes de pollo y pescado.

Frutos secos y **pastas de frutas**: lo más probable es que cualquier fruta tropical fresca (guayaba, piña, papaya, maracuyá, mango) también esté disponible seca, en pasta o jugo. Busca fruta seca que haya sido tratada sin sulfatos. Puede que no se vea tan bonita como la que tiene conservantes, pero es mejor para tu salud. Una pasta de mango o guayaba o unas cucharadas de néctar de fruta le dan el toque justo de dulzor a postres y salsas.

NUECES Y SEMILLAS

La cocina latina ha utilizado frutos secos y semillas como ingredientes en sopas y salsas durante mucho tiempo. Las salsas romesco y picada de España y los moles del Nuevo Mundo son los más conocidos. Asegúrate de que las nueces que compres estén frescas, ya que rápidamente pueden volverse rancias. Yo guardo las mías en el congelador para mantener su vida útil. Tostar nueces y semillas acentúa sus verdaderos sabores. Un puñado (¡sólo uno!) de frutos secos y semillas es una merienda saludable que proporciona energía y proteínas para seguir adelante.

Las **almendras, nueces, piñones y avellanas** se utilizan con mayor frecuencia en la cocina latina y como decoración. Para tostar nueces, repártelas en una sola capa sobre una bandeja para hornear con borde. Hornéalas por unos 10 minutos en un horno precalentado a 350°F, revolviendo ocasionalmente, hasta que estén tostadas y fragantes. Obsérvalas con cuidado ya que se pueden quemar en un instante. Deja que se enfríen completamente. En el caso de las avellanas, envuélvelas cuando estén calientes en un paño de cocina limpio. Frota las avellanas a través de la toalla para quitarles la piel. No te preocupes si queda algo de la piel en los frutos. Déjalas enfriar antes de usarlas.

Las **semillas de calabaza**, o **pepitas**, se utilizan con frecuencia para espesar y añadir cuerpo a platos como los moles y otras salsas. Busca pepitas sin cáscara y añádelas a la masa para *muffins* o úsalas para decorar ensaladas en lugar de crutones. Se pueden comprar tostadas o crudas, saladas o sin sal. Yo prefiero comprar pepitas crudas, sin sal, y asarlas y sazonarlas yo misma. Reparte las semillas en una bandeja forrada con papel para hornear. Hornéalas durante 10 a 15 minutos en un horno precalentado a 350°F, o hasta que estén doradas.

AJÍES O CHILES

¡No me puedo imaginar la comida latina sin nuestros queridos ajíes! Los utilizamos frescos y secos, en conserva y en vinagre, para cocinar y como decoración. Si no encuentras los ajíes o chiles que se mencionan a continuación, no dudes en sustituirlos. Me gusta mi comida medio picante, pero usa más o menos dependiendo de tu preferencia personal. La mayor parte del picante del ají se encuentra en las semillas y las venas, así que retíralas con un cuchillo si quieres un sabor más suave. También es bueno siempre tener a mano salsa picante embotellada (hay muchas marcas). Solo añade unas pocas gotas a la vez.

Ají amarillo: si un ají pudiera saber como un rayo de sol, ¡sería el ají amarillo! Este brillante ají peruano tiene un sabor dulce y afrutado al comienzo, luego un toque picante se activa al final. Esencial para la comida peruana, es uno de mis ajíes favoritos. Busca ajíes frescos, secos o en pasta.

Ají dulce, también conocido como ají cachucha, es un ají pequeño y suave de América del Sur. Parece un habanero, pero no tiene el mismo nivel de picor y se utiliza a menudo en un sofrito para un toque cálido.

Ají panca: ligeramente ahumado y dulce, ha sido cultivado en Perú por mucho tiempo. La pasta está disponible en frascos, en línea o en algunos supermercados, a veces etiquetado como *Sun-Dried Red-Hot Pepper Paste*. Revuelve un poco en guisos de mariscos y cerdo, entre otros. Si no lo encuentras, sustitúyelo con pasta de chile pasilla, que está disponible en muchos supermercados.

Los **chiles chipotle** son jalapeños rojos secados sobre humo para realzar su rico sabor. Los chiles chipotle dan picor a los alimentos de México, América Central y el suroeste de Estados Unidos. Los chipotles enlatados en

adobo son envasados en una salsa de tomate, vinagre y otras especias. Los chipotles enlatados acumulan bastante picor, así que úsalos con moderación. Una vez que la lata está abierta, puedes almacenar los chiles y la salsa que no utilices en un tarro o recipiente con tapa y refrigerarlos por hasta 2 semanas. El chile chipotle molido es un polvo de color rojo oxidado oscuro que es fácil de espolvorear sobre los alimentos.

ingredientes y sustituciones saludables

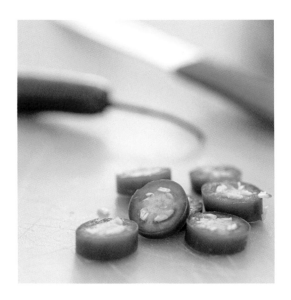

Los **chiles jalapeños** se venden frescos, en lata y en escabeche. Los frescos pueden ser de color verde o rojo y van desde suaves a muy picantes; todo depende de cuánto tiempo permanecieron en la planta y el lugar en el que fueron cultivados. Los jalapeños enlatados son generalmente suaves, mientras que los escabechados encabezan la tabla del picante. Si no encuentras ningún otro ají, utiliza jalapeños.

ACEITES

Trato de cocinar con la menor cantidad de aceite posible. Para limitar el uso de aceite, es imprescindible tener un buen juego de sartenes antiadherentes. De esta forma, utilizas el aceite para dar sabor y no necesariamente para asegurarte de que la comida no se pegue. No todos los aceites son iguales, así que aquí están mis aceites favoritos, dependiendo de la receta.

El **aceite de canola** es mi aceite vegetal preferido cuando quiero algo neutral para saltear verduras aromáticas como las cebollas, las zanahorias y el apio, y para sellar o dorar pollo y carne. El aceite de canola es más saludable que el aceite vegetal común, ya que tiene menos grasas saturadas (malas) y más grasas poliinsaturadas y monoinsaturadas (buenas). Contiene ácidos grasos omega-3, esenciales para tu bienestar.

Los **aceites en aerosol**, disponibles en latas, realmente reducen la cantidad de aceite con que cocino. En vez de cepillar o embetunar sartenes o bandejas para hornear con aceite, las rocío con una capa delgada. Como dije anteriormente, el aceite de canola es el que utilizo la mayor parte del tiempo para cocinar, pero de vez en cuando rocío aceite de oliva o aceite con sabor a mantequilla. Elije el (o los) que más te acomoden.

El **aceite de oliva** es mi preferido para saltear, aderezar y dar un toque final a la comida. Uso aceite de oliva común para cocinar, pero siéntete con la libertad de utilizar una marca barata de aceite de oliva extra virgen. Yo guardo los aceites de oliva extra virgen de mejor calidad que traigo de España o América del Sur para echarlo en sopas, ensaladas o verduras al vapor. Como los aceites de oliva varían en sabor desde pastoso a picante, encuentra uno que se ajuste a tu paladar.

VINAGRES

Ahora uso más vinagre que nunca como condimento en mi cocina, así que mantengo diferentes tipos en mi despensa. Agregar un toque de vinagre de vino tinto o balsámico realza el sabor de cualquier salsa sin añadir grasa o muchas calorías. Al hacer aderezos para ensaladas, usa balsámico blanco o regular, vinagres de champán o jerez.

Vinagre de manzana: económico y de fácil acceso, úsalo en marinadas y aderezos para ensaladas.

Vinagre balsámico: hecho de jugo de uva sin fermentar, los vinagres balsámicos italiano varían ampliamente en precio dependiendo de cuánto tiempo han sido envejecidos. Utiliza el vinagre balsámico ligeramente ácido y oscuro disponible en los supermercados para marinadas y salsas desglasadas, e incluso sobre fruta.

Vinagre de champán: liviano y suave, utilízalo para dar sabor a frijoles o aderezar lechugas delicadas.

Vinagres con infusiones de frutas: deliciosos en verduras al vapor y en salsas de frutas, son menos fuertes que otros, por lo que puedes utilizar más vinagre y menos aceite en aderezos para ensaladas.

Vinagre de jerez: utiliza vinagre de jerez español en aderezos, marinadas y salsas cuando se desee un sabor más fuerte.

Vinagre balsámico blanco: yo uso este vinagre claro cuando quiero un poco de sabor balsámico —pero no el color oscuro— en frutas y aderezos para ensaladas.

ingredientes y sustituciones saludables

quesadilla de huevo frito y aguacate

prendiendo
motores

Mi mamá siempre tenía razón: el desayuno *es* la comida más importante del día. Te da energía por la mañana y pone en marcha tu metabolismo para enfrentar el día. Yo soy una persona a quien le gusta el desayuno; siempre despierto con hambre y nunca he sido capaz de saltarme esta primera comida.

Por más que me gustaría comer un desayuno abundante cada mañana, no tengo mucho tiempo. Casi todos los días salgo de casa a las cinco de la mañana para hacer grabaciones de televisión y segmentos en vivo, o a correr para coger un avión. Llámenme un poco loca, pero confieso que me encanta comer sobras de la noche anterior (como por ejemplo, carne) a primera hora de la mañana. Pero en las mañanas atareadas, cuando estoy todavía medio dormida y necesito improvisar algo para comer, recurro a preparaciones rápidas, como un *parfait* con fruta y yogur, huevos y verduras «revueltos» en el microondas, panqueques de clara de huevo o una quesadilla de huevo frito y aguacate. Estas simples recetas harán que nunca tengas una excusa para saltarte un desayuno casero.

Los fines de semana me permiten preparar favoritos para el desayuno que toman un poco más de tiempo. Y lo merecen. Puedo hornear unos *muffins* de canela y pepita, o «ahogar» (escalfar) algunos huevos en salsa de chipotle y tomate.

Ya sea que despiertes con el antojo de algo rápido y ligero, o lento y sustancial, a continuación encontrarás un montón de ideas para la mañana que te darán energía.

esponjosos panqueques de clara de huevo con compota de papaya y banana

Cuando se me antoja comer panqueques, hago lo que yo llamo mis panqueques milagrosos. No contienen harina, por lo que son libres de gluten y almidón. Están llenos de proteínas, no de grasas, ya que se hacen solamente con claras de huevo. La compota de fruta naturalmente dulce ocupa el lugar del empalagoso almíbar de arce. Son fáciles de hacer y un verdadero milagro.

RINDE 2 PORCIONES

1 banana madura, majada

1 taza de papaya madura, majada

1 cucharada de jugo de limón

6 claras de huevos grandes

1 cucharadita de extracto de vainilla

ralladura fresca de 1 limón

aceite de oliva en aerosol

hojuelas endulzadas de coco, tostadas (opcional)

CHICA TIP

Para tostar hojuelas de coco, esparce el coco sobre una bandeja para hornear y mételo por alrededor de 8 minutos a un horno precalentado a 300°F, revolviendo ocasionalmente, hasta que estén ligeramente doradas.

1. Mezcla la banana y la papaya con 1 cucharadita de jugo de limón y deja a un lado.

2. Bate las claras de huevo con una batidora eléctrica de mano a velocidad alta hasta que formen picos suaves. No mezcles excesivamente. Incorpora, revolviendo ligeramente, la vainilla y la mitad de la ralladura de limón.

3. Calienta una sartén antiadherente pequeña a fuego medio y rocía con el aceite de oliva. Echa ½ taza de la mezcla de claras de huevo en la sartén caliente y esparce la mezcla en forma circular, como lo harías si estuvieras preparando una *crêpe*. Cocina por aproximadamente 1 minuto hasta que haya pequeños agujeros en la parte superior y el panqueque esté lo suficientemente firme como para darle vuelta. Cocina el otro lado por menos de 1 minuto o hasta que cuaje.

4. Sirve los panqueques con algo de la mezcla de papaya y banana a un lado. Espolvorea con la ralladura de limón restante y las hojuelas de coco tostado. Sirve inmediatamente.

muffin de canela y pepita

¡Ese tentador *muffin* en tu cafetería local probablemente contiene 500 calorías o más! ¿Por qué no mejor haces estos *muffins* saludables y bajos en grasa? El puré de manzana y las claras de huevo reemplazan la grasa del aceite y los huevos enteros. El suero de leche, también bajo en grasa, le da una textura suave y un sabor ácido a los productos horneados. Y las semillas de calabaza tostadas añaden un poco de crujiente. Hornea una tanda y guárdala en el congelador. Pon un *muffin* en el horno tostador en la mañana mientras se está haciendo el café.

RINDE 12 *MUFFINS*

aceite en aerosol para cocinar

1 taza de harina para todo uso

1 taza de harina de trigo integral

2 cucharaditas de canela en polvo

1 cucharadita de polvo para hornear

1 cucharadita de bicarbonato de sodio

½ cucharadita de sal

½ taza de puré de manzana sin azúcar

4 claras de huevos grandes

1½ taza de suero de leche

1 cucharadita de extracto de vainilla

½ taza de hojuelas de avena

½ taza de azúcar moreno

½ taza de semillas de calabaza (pepitas) sin sal, tostadas

1. Precalienta el horno a 400°F. Rocía con aceite en aerosol un molde para hornear *muffins*.

2. Tamiza la harina para todo uso, la harina de trigo, la canela, el polvo para hornear, el bicarbonato y la sal. Deja a un lado.

3. Con una batidora eléctrica, mezcla el puré de manzana, las claras de huevo, el suero de leche y la vainilla a velocidad baja hasta que se mezclen bien. Añade la mitad de la mezcla de harina e incorpórala hasta que quede suave. Agrega la avena, el azúcar moreno y las semillas de calabaza con la mezcla de harina restante y mezcla hasta que quede suave.

4. Divide la masa en forma equitativa entre las cavidades del molde. Hornea por alrededor de 15 minutos; estarán listos cuando un probador insertado en el centro de un *muffin* salga limpio. Deja que se enfríen a temperatura ambiente durante 5 minutos. Retíralos del molde y déjalos enfriar sobre una rejilla metálica.

prendiendo motores

parfait de bayas y crema de limón

Pon por capas algunas bayas y yogur saborizado con miel y limón en vasos para *parfait* largos y verás cómo se convierten en algo más que bayas y yogur. Si bien son geniales para un desayuno rápido, también hago estos *parfaits* cuando quiero un postre. A veces uso una o dos gotas de stevia en lugar de miel.

RINDE 4 PORCIONES

3 tazas de yogur griego natural descremado

1 cucharada de miel

¾ de cucharadita de ralladura fina de limón

1 cucharada de jugo fresco de limón

1 ½ cucharadita de extracto de vainilla

1 taza de frambuesas frescas

1 taza de arándanos frescos

1 taza de fresas frescas cortadas en cuartos

hojas de menta para decorar

1. En un recipiente mediano, mezcla el yogur, la miel, la ralladura de limón, el jugo de limón y la vainilla. Refrigera hasta que esté listo para hacer los *parfaits*.

2. Partiendo con las bayas, pon alternadamente capas de fruta y de yogur en vasos altos. Adorna con hojas de menta antes de servir.

Nota: Para una presentación atractiva, sirve el *parfait* en pequeños frascos para conservas.

CHICA TIP

Se sabe que el cacao en polvo sin azúcar tiene propiedades que combaten el hambre y reduce los antojos. Cuando aparecen esos antojos entre comidas, revuelve una cucharada de cacao en polvo sin azúcar en una taza de yogur descremado. Si necesitas un poco más de dulzor, añade una o dos gotas de stevia.

huevos ahogados

Los huevos ahogados son un clásico mexicano. Son escalfados (ahogados) en una salsa ahumada de tomate y chile, luego acompañados con queso fresco desmenuzado y se sirve con tortillas de maíz calientes para saborear cada pedacito. Los huevos ahogados son geniales para el desayuno, pero también se pueden disfrutar sobre una cama de arroz cocido, espárragos al vapor u otras verduras para el almuerzo o la cena.

2 libras de tomates, picados en trozos grandes

¼ de taza de cilantro fresco, y algo más para adornar, picado en pedazos grandes

¼ de cebolla amarilla mediana, picada en trozos grandes

2 dientes de ajo, picados en trozos grandes

1 cucharadita de chile chipotle en polvo

2 cucharadas de aceite de canola o vegetal

sal kosher

4 huevos grandes

4 tortillas de maíz, tostadas

1 aguacate maduro Hass, pelado, sin semilla y cortado en rebanadas

½ taza de queso fresco desmenuzado

CHICA TIP

Para tostar las tortillas, colócalas en una bandeja para hornear y rocíalas con aceite de canola. Hornea en un horno precalentado a 400°F durante 5 minutos. Da vuelta a las tortillas, rocía el otro lado, y continúa horneándolas por unos 10 minutos hasta que estén crujientes.

1. En una licuadora o procesador de alimentos, haz un puré con los tomates, el cilantro, la cebolla, el ajo y el chile en polvo, añadiendo un poco de agua como fuera necesario. Licua hasta obtener una salsa fina.

2. Calienta una sartén mediana a fuego medio-alto. Añade 1 cucharada de aceite para cocinar y calienta hasta que brille. Añade la salsa de tomate (ten cuidado porque salpicará) y hierve, revolviendo ocasionalmente, hasta que espese un poco, por unos 3 minutos. Sazona con sal.

3. Uno a la vez, rompe cada huevo dentro de un ramequín y lentamente añade el huevo a la salsa. Continúa con los otros huevos. Baja el fuego a bajo, tapa y cocina durante aproximadamente 6 o 7 minutos para que los huevos queden con las yemas suaves, o 10 minutos para que los huevos se cuezan completamente.

4. Para servir cada porción, coloca una tortilla en un plato, cubre con un huevo y una cuarta parte de la salsa. Encima, pon rebanadas de aguacate y una pizca de cilantro y queso fresco.

Variaciones:

- Escalfa los huevos en salsa verde y encima pon un poco de aguacate en rebanadas.
- Cuando los tomates frescos y maduros están fuera de temporada, sustitúyelos con una lata de 28 onzas de tomates triturados.

quesadillas de huevo frito y aguacate

Piensa en quesadillas para el desayuno, no sólo para el almuerzo o como aperitivo. Cambia los rellenos en función de lo que haya en tu refrigerador. ¿Restos de pollo? ¿Pavo? ¿Verduras cocidas? Para una versión vegetariana, omite el huevo y añade hojas de lechuga. Para terminar, rocía un poco de aceite de oliva extra virgen en la parte superior. Se puede utilizar pan Ezequiel, también conocido como «esenio» o «germinado», u otro pan de grano entero en lugar de tortillas.

RINDE 2 PORCIONES

1 cucharadita de aceite de oliva

2 huevos grandes

2 tortillas de grano entero grandes

1 aguacate maduro Hass, pelado, sin semilla y majado

1 tomate mediano, cortado en rodajas

1 cucharada de piñones o de semillas de calabaza (pepitas)

2 cucharadas de cilantro fresco, picado

½ chile jalapeño, sin semillas y cortado en rodajas finas (opcional)

aceite de oliva extra virgen para rociar

sal kosher

pimienta negra recién molida

1. Unta aceite con una brocha en una sartén antiadherente pequeña y calienta a fuego medio. Agrega los huevos uno a la vez y cocina con el lado de la yema hacia arriba por unos 2 minutos. Usando una espátula, sácalos y ponlos en un plato.

2. Mientras se cuecen los huevos, calienta las tortillas en una sartén aparte (no es necesario añadir aceite).

3. Para cada porción, sobre la tortilla esparce la mitad del puré de aguacate, los tomates, los piñones, el cilantro y el jalapeño, si lo utilizas. Pon un huevo encima, rocía con aceite de oliva extra virgen y sazona con sal y pimienta. Dobla la tortilla y sirve.

taza de omelet veloz

¡Mi favorito de todos los tiempos y mi desayuno de casi todos los días! Bato un huevo y claras de huevo con cualquier verdura que tenga a mano en una taza para café y luego lo pongo en el microondas durante 2 minutos y medio. Lo hago tan a menudo que estoy segura de que podría hacerlo hasta dormida.

RINDE 1 PORCIÓN

1 huevo grande, más 2 claras de huevo

¼ de taza de espinaca picada congelada

¼ de taza de pimientos rojos asados, picados

1 pizca de orégano seco o un poquito de perejil de hoja plana fresco picado

sal kosher

pimienta negra recién molida, al gusto

1 cucharada de queso mozzarella rallado

1 cucharadita de queso parmesano recién rallado

1. En una taza para microondas, bate el huevo y las claras de huevo con las espinacas, los pimientos rojos y el orégano. Sazona con sal y pimienta. Espolvorea el queso mozzarella encima.

2. Coloca la taza en el microondas y cocina a fuego alto, destapado, durante 2 minutos y medio. A medida que se vaya cocinando, la mezcla de huevo se elevará por encima del borde de la taza como un soufflé. (Puesto que los hornos de microondas son diferentes entre sí, revisa el tiempo de cocción que menciono más arriba para ver que los huevos se hayan elevado correctamente. Si no, vuelve a ponerlos en el microondas durante otros 20 segundos). Retira del microondas y espolvorea con el queso parmesano.

CHICA TIP

! En lugar de espinacas, revuelve algunos granos de maíz congelados con ½ cucharadita de *tapenade*, frijoles negros y tomate cortado en cubitos, o una cucharadita de pesto.

frittata de plátanos y pimientos

En lugar de papas como acompañamiento para las las *frittatas* y las tortillas de huevo y vegetales, añade unos plátanos maduros a la mezcla. Los plátanos están llenos de antioxidantes y aquí se cocinan en mucho menos grasa que las papas fritas.

RINDE 4 PORCIONES

3 cucharaditas de aceite de oliva,

1 plátano maduro, pelado y cortado en rodajas de ¼ de pulgada de grosor

1 cebolla amarilla mediana, picada

1 pimentón rojo, sin semillas y picado

2 dientes de ajo, picados muy finamente

4 huevos grandes, más 2 claras de huevos grandes

1 cucharada de cilantro fresco, picado

¼ de cucharadita de sal

¼ de cucharadita de salsa picante

¼ de taza de queso ricotta parcialmente descremado

CHICA TIP

Los plátanos parecen bananas grandes, pero son más firmes, almidonados y menos dulces que las bananas de postre. Los plátanos pueden ser no maduros y verdes o maduros y dulces. En cualquier caso, deben ser cocinados, en lugar de comidos crudos como las bananas.

1. Calienta 1 cucharadita de aceite en una sartén antiadherente mediana para horno a fuego medio-alto. Añade los trozos de plátano y cocínalos por alrededor de 4 minutos, dándoles vuelta ocasionalmente hasta que estén dorados. Pásalos a un plato.

2. Calienta las restantes 2 cucharaditas de aceite en la sartén. Agrega la cebolla, el pimentón y el ajo y cocina a fuego medio de 12 a 14 minutos, revolviendo ocasionalmente, hasta que las verduras estén muy tiernas.

3. Ajusta la rejilla del horno a unas 5 a 7 pulgadas del fuego y precalienta el asador.

4. Bate los huevos, las claras de huevo, el cilantro, la sal y la salsa picante juntos en un recipiente grande. Vierte la mezcla de huevo en forma pareja sobre la mezcla de verduras. Añade los trozos de plátano a la mezcla de huevo y verduras. Cocina a fuego medio, inclinando la sartén y levantando los bordes con una espátula de goma para permitir que la mezcla de huevo crudo fluya debajo, justo hasta que esta se encuentre apenas alrededor de los bordes. Con una cuchara echa la ricotta sobre la *frittata*. Pon a asar en el horno por unos 5 minutos hasta que la *frittata* esté inflada y dorada en los bordes. Corta en trozos triangulares y sirve.

burritos de desayuno con salsa de cilantro y pepita

Cuando mis amigos vienen a hacer *brunch* el fin de semana, sirvo estos burritos rellenos de huevos, frijoles negros y tomates, y les echo un poco de salsa de semillas de calabaza y cilantro encima. Siempre hago una doble ración de la salsa para acompañar un pollo a la parrilla, carne de res o cerdo durante el resto de la semana.

RINDE 4 PORCIONES

salsa:

2 tazas de cilantro fresco picado en pedazos grandes

½ taza de semillas de calabaza (pepitas) sin cáscara, tostadas

½ taza de agua

1 chalote pequeño, picado finamente

1 cucharada de miel

1 diente de ajo, picado finamente

sal kosher

pimienta negra recién molida

burritos:

4 huevos grandes

1 taza de tomates picados

1 cucharada de chile jalapeño, sin semillas y picado finamente

Sal kosher y pimienta negra recién molida

4 tortillas integrales de trigo de 12 pulgadas

1 lata de 15 onzas de frijoles negros, enjuagados y escurridos

1 taza de queso mozzarella rallado

Semillas de calabaza (pepitas) tostadas para decorar

1. Para hacer la salsa, mezcla todos los ingredientes de la salsa, excepto la sal y la pimienta, en un procesador de alimentos. Usa el botón de pulso para licuar hasta que esté espesa. Vierte en un recipiente y sazona con sal y pimienta. Déjala a un lado.

2. Para hacer los burritos, calienta una sartén antiadherente a fuego medio. Bate los huevos en un recipiente. Añade los tomates y el jalapeño picados. Vierte la mezcla en la sartén y cocina, revolviendo ocasionalmente, hasta que los huevos estén cocidos al punto de cocción deseado. Sazona con sal y pimienta.

3. Envuelve las tortillas en una toalla de papel húmeda. Métalas en el microondas a máxima potencia durante 20 segundos para calentarlas y hacerlas flexibles para poder enrollarlas.

4. Calienta una plancha o sartén grande a fuego medio. Divide los huevos revueltos entre las tortillas. Encima añade 2 cucharadas de frijoles negros, 2 cucharadas de queso y 1 cucharada de salsa. Dobla un poco por dos lados y luego enrolla desde la parte inferior. Cocínalos en la plancha durante 1 o 2 minutos por lado, dándoles vuelta una vez, hasta que ambos lados estén ligeramente dorados y crujientes.

5. Para servir, corta cada burrito por la mitad en diagonal. Rocíalo con un poco de la salsa restante, espolvorea con semillas de calabaza y sírvelo inmediatamente.

prendiendo motores

torrijas

Las torrijas, o la versión española de las tostadas francesas, se comen en toda España para la Pascua. Las versión clásica dicta que el pan se fría en aceite de oliva y luego se sumerja en una mezcla de vino, miel y canela. Yo remojo el pan en la tradicional miel y canela mezclada con un poco de café espresso para un sabor *mocha*.

4 claras de huevo grandes

2 cucharadas de café *espresso* recién hecho o 1 cucharadita de *espresso* instantáneo disuelta en 2 cucharadas de agua hirviendo (opcional)

1 cucharada de miel

1 cucharadita de extracto de vainilla

⅛ de cucharadita de canela en polvo

Aceite en aerosol para cocinar

8 rebanadas de pan de trigo y miel

2 bananas maduras, cortadas en rodajas

½ taza de yogur griego natural descremado o kéfir

1. Precalienta el horno a 200°F. Bate las claras de huevo, el *espresso* (si se utiliza), la miel, la vainilla y la canela en un recipiente grande hasta que estén bien mezclados.

2. Rocía una sartén antiadherente grande con aceite en aerosol y calienta a fuego medio. En tandas, sumerge el pan en la mezcla de huevo, asegurándote de cubrir todos los lados. Coloca el pan en la sartén y cocina por unos 3 minutos hasta que la parte inferior esté dorada. Da vuelta al pan y cocina por alrededor de 3 minutos más hasta que el otro lado esté dorado. Pasa las torrijas a un plato y mantenlas calientes en el horno.

3. En un recipiente, machaca las bananas con un tenedor. Mézclalas con el yogur.

4. Sirve las torrijas tibias con la mezcla de yogur de banana encima.

batido energizante

Los batidos, la versión latinoamericana de los *smoothies*, se hacen generalmente con leche y fruta. Yo prefiero el kéfir, una bebida de leche fermentada rica en nutrientes muy similar a un yogur líquido. Esta energizante comida en vaso es perfecta para el desayuno, para después de hacer ejercicio o para ese bajón energético de media tarde. Los batidos son increíblemente versátiles; hazlos con cualquier fruta que tengas a mano. Para una dosis extra de proteínas, añade una cucharada de mantequilla de maní o de almendra. También puedes utilizar leche de almendras o de coco en lugar del kéfir.

RINDE 2 PORCIONES

1 banana, cortada en cuatro y congelada

½ taza de mango en cubos, congelado

½ taza de arándanos, y un poco más para decorar

1 taza de kéfir natural descremado

⅛ de cucharadita de extracto de vainilla

1 pedazo de jengibre fresco de 1 pulgada, pelado y rallado

2 cucharadas de semillas de linaza molidas

2 ramitas de menta fresca para decorar

Pon todos los ingredientes, excepto la menta, en una licuadora y mezcla hasta obtener una mezcla suave. Viértela inmediatamente en vasos altos y helados. Decóralos con algunas bayas y ramitas de menta antes de servir.

CHICA TIP

! Tan pronto como mis bananas, fresas, mangos y otras frutas se empiezan a poner demasiado maduras, las corto y las pongo en el congelador en bolsas de plástico con cierre hermético. En la mañana, cuando estoy apurada, no tengo que perder tiempo cortando fruta para hacer un batido. Y como la fruta está congelada, no hay que añadir hielo.

cremosa ensalada de frutas de mamá

En esta ensalada de frutas, piñas, manzanas y melones se mezclan con coco tostado, yogur natural y una buena dosis de ron. Mi mamá solía poner un plato de esta ensalada para acompañar jamón o pavo en la mesa de la cena durante las fiestas, para que la comieran sólo los adultos. Si bien mi mamá la hacía con crema espesa, prefiero la mía hecha con yogur griego descremado. Sírvela con una comida en lugar de una ensalada verde, como postre rápido o pon las frutas y otros ingredientes por capas en copas de martini para una presentación de *brunch* impresionante.

RINDE DE 6 A 8 PORCIONES

1 taza de yogur griego descremado

¼ de taza de ron oscuro o con especias

3 cucharadas de miel

2 cucharadas de hojas de menta fresca picadas finamente

½ piña pequeña, pelada, sin centro y picada

2 manzanas Gala, Granny Smith o Fuji, sin corazón y picadas

¼ de sandía pequeña, sin cáscara, sin semillas y picada

½ melón cantalupe o honeydew, pelado, sin semillas y picado

1 taza de hojuelas de coco endulzadas y tostadas (ver *Chica Tip* en la página 17)

1. Bate el yogur, el ron, la miel y la menta en un recipiente pequeño.

2. Mezcla la piña, la manzana, la sandía y el melón en un recipiente grande. Agrega el aderezo, mezcla y deja reposar durante 10 minutos. Espolvorea el coco encima antes de servir.

¡Date un gusto!
huevos en cestas

Para una presentación de *brunch* impresionante, rellena unas canastas pequeñas de masa filo con un poco de chorizo mexicano y picadillo de cebolla y corona con un huevo frito.

Aceite en aerosol para cocinar

1 cucharada de aceite de oliva

½ libra de chorizo fresco, sin la piel y picado

1 cebolla amarilla mediana, picada

8 hojas de masa filo de 9x14 pulgadas, descongeladas

8 huevos grandes

1. Precalienta el horno a 350°F. Rocía con aceite vegetal en aerosol cuatro pocillos para hornear redondos individuales de 7 pulgadas.

2. Calienta el aceite en una sartén antiadherente grande a fuego medio-alto. Agrega el chorizo y la cebolla y cocina por unos 6 a 8 minutos, revolviendo ocasionalmente, hasta que la cebolla esté tierna y el chorizo dorado. Retira del fuego y deja a un lado.

3. Coloca 2 hojas de masa filo sobre una superficie limpia y seca. (Cubre la masa filo restante con una toalla limpia para evitar que se seque). Rocía ligeramente cada hoja con aceite en aerosol, luego apila una hoja sobre la otra. Haz lo mismo con el resto de la masa filo, haciendo un total de 4 pilas.

4. Para cada porción, pasa con cuidado una pila al pocillo para hornear, presionando la masa filo contra el fondo. Echa ¼ de taza de la mezcla de chorizo en cada fuente y luego agrega dos huevos encima. Dobla los bordes de la masa filo para que cubran ligeramente los huevos.

5. Coloca los pocillos en una bandeja para hornear grande. Hornea entre 10 y 15 minutos hasta que la masa filo esté crujiente y los huevos estén listos. Sirve de inmediato.

ensalada caprese tropical con alioli de cilantro

aperirricos, meriendas y salsas *dippidy-do*

3

Los aperitivos son tal vez mi parte favorita de la comida. Cuando no tengo ganas de cocinar un almuerzo o una cena completa, o no puedo decidir lo que quiero comer, a menudo preparo dos o tres aperitivos o, como me gusta llamarlos, *aperirricos*. Estas pequeñas delicias me permiten disfrutar de una variedad de sabores y texturas.

El estudio sobre nutrición y dietética más reciente muestra que comer comidas más pequeñas y frecuentes (desayuno, almuerzo, cena y dos meriendas saludables) antes de sentir verdadera hambre es una de las claves para el control exitoso del peso. Si esperas hasta estar tremendamente hambrienta para comer, comerás en exceso. Si esperas demasiado tiempo entre comidas y meriendas, terminarás comiendo la primera cosa que encuentres (galletas, papas fritas o *brownies*). Planea con anticipación y lleva tus propias meriendas al trabajo o la escuela. Cuando viajo, el llevar conmigo algunos crujientes chips de col rizada, palomitas al chile o un contenedor de 3½ onzas de dip de poblano asado y garbanzos con algunas verduras cortadas en pedazos es tan esencial como llevar mi maquillaje. Con mis propias delicias en mi equipaje de mano, paso sin problemas delante de toda la comida chatarra del aeropuerto sabiendo que tengo algunos bocadillos saludables para el viaje.

¡Mis dips o salsas de untar *Dippidy-Do* ahorran tiempo y son bajos en calorías! Se pueden preparar con anticipación y guardar en el refrigerador, lo cual es genial cuando hay invitados. Son bajos en calorías y grasa, pero muy ricos en sabor.

pan *tumaca*

A veces los más simple alimentos son los mejores, como este popular pan con tomate de Cataluña, España. Rebanadas de pan tostado al horno se frotan con un diente de ajo y luego la mitad de un tomate. El pan absorbe la esencia del ajo y los sabores vibrantes de los tomates maduros. Eso es todo. El usar un buen pan, un aceite de oliva afrutado y la mejor sal kosher hace toda la diferencia.

RINDE 4 PORCIONES

1 baguette de trigo de 8 onzas, cortada en 8 rebanadas de ½ pulgada de grosor

4 dientes de ajo cortados a la mitad

4 tomates italianos cortados a la mitad

¼ de taza de aceite de oliva extra virgen

¾ de cucharadita de sal kosher

¾ de cucharadita de pimienta negra recién molida

1. Precalienta el horno a 425°F. Coloca las rebanadas de pan en una bandeja para hornear. Hornéalas entre 8 y 10 minutos hasta que estén doradas. Pasa las rebanadas de pan a una tabla para cortar para que se enfríen un poco.

2. Cuando el pan se enfríe lo suficiente como para manipularlo, frota ambos lados de cada rebanada con medio diente de ajo. Frota cada rebanada de pan con una mitad de tomate, presionando firmemente para que el pan absorba la pulpa. Desecha la piel y la pulpa restante. Rocía el aceite sobre el pan. Espolvorea con sal y pimienta y sirve.

CHICA TIP

! **El pan con tomate es una gran base para otros agregados, como pimientos rojos asados, una rebanada de queso manchego o jamón serrano, boquerones españoles (anchoas blancas) o sardinas, o la Salsa de aguacate *aguacateliciosa* (página 61). Pon pocillos de aceitunas y almendras Marcona y jarrones llenos de palitos de pan. Unas jarras de sangría roja y blanca son todo lo que necesitas para tener un fiesta de tapas instantánea.**

tiradito de calabacín

Probé por primera vez este *carpaccio* de calabacín, que en español se llama tiradito, en un viaje de verano a la Toscana. Recuerdo haber pensado: «Qué raro, ¿calabacín crudo?». Me encantó su delicado sabor inmediatamente. En Italia, las rodajas de calabacín tan finas como el papel se mezclan suavemente con aceite de oliva, jugo de limón y hierbas, pero yo añado un toque latino y le echo un poco de queso blanco desmenuzado y cilantro.

RINDE DE 6 A 8 PORCIONES

ralladura fresca de 1 limón Meyer (o, si no está disponible, limón amarillo)

¼ de taza de jugo de limón Meyer (o limón amarillo) fresco

¼ de taza de aceite de oliva

Sal kosher

Pimienta negra fresca molida

3 calabacines italianos verdes o amarillos, cortados en rodajas muy finas

1 cucharada de cilantro fresco, picado finamente

1 cucharada de cebollino fresco, picado finamente

1 cucharada de eneldo fresco, picado finamente

½ taza de queso blanco o queso feta bajo en grasa, desmenuzado

1. Bate la ralladura y el jugo de limón en un recipiente pequeño. Poco a poco, añade el aceite sin dejar de batir. Sazona con sal y pimienta y bate nuevamente. Cubre y refrigera por 15 minutos para que se mezclen los sabores.

2. Usando una mandolina, corta el calabacín en rodajas muy delgadas, de $\frac{1}{16}$ de pulgada.

3. Mezcla el cilantro, el cebollino y el eneldo en un recipiente pequeño. Extiende las rodajas de calabacín en un plato en varias capas, sazonando cada capa con sal y pimienta. Vierte la mezcla de aceite de oliva encima y mueve el plato de un lado a otro para que el líquido se distribuya uniformemente. Espolvorea con el queso desmenuzado y las hierbas. Sirve inmediatamente.

CHICA TIP

! No importa cuán buenas sean tus habilidades con el cuchillo, tener una mandolina que rebane y corte en juliana frutas, verduras y otros ingredientes es imprescindible. Las mandolinas profesionales son caras, cuestan alrededor de $150 dólares, pero yo prefiero la Joyce Chen Asian Mandoline Plus, que tiene un precio razonable.

champiñones rellenos con chorizo

El chorizo, una salchicha de cerdo cruda con especias, es un ingrediente tradicional mexicano, y gran parte de su sabor proviene de la grasa de cerdo. Afortunadamente, un poquitito de chorizo da para mucho cuando se trata de añadir sabores intensos a estos champiñones rellenos. Ya que los portobellos son grandes, sirve uno a cada invitado como un impresionante plato de entrada.

RINDE 6 PORCIONES

aceite en aerosol para cocinar

6 champiñones portobello de 4 pulgadas, sin tallos

1 cucharada de aceite de oliva

2 cebollas amarillas medianas, picadas

3 onzas de chorizo mexicano crudo, sin piel y desmenuzado

2 rebanadas de pan de trigo integral suave, sin bordes, y desmenuzado

1 pedazo de 2 onzas de queso Jack con pimienta, bajo en grasa

¼ de cucharadita de sal kosher

¼ de cucharadita de pimienta negra recién molida

1. Precalienta el horno a 375°F. Rocía con aceite en aerosol una bandeja para hornear mediana.

2. Pica 2 de los champiñones. Coloca los 4 restantes en la bandeja para hornear.

3. Calienta el aceite en una sartén antiadherente grande a fuego medio. Echa los champiñones picados, la cebolla y el chorizo. Cocina por 10 a 12 minutos, revolviendo ocasionalmente y rompiendo el chorizo con el borde de una cuchara, hasta que los champiñones estén muy tiernos.

4. En un procesador de alimentos, muele el pan con el botón de pulso hasta que se formen migajas finas. Pásalas a un recipiente pequeño. Echa el queso en el procesador de alimentos y pica con el botón de pulso hasta que quede finamente picado. Añade el pan en migajas, mezcla bien y sazona con sal y pimienta.

5. Con una cuchara echa cantidades iguales de la mezcla de chorizo dentro de los champiñones y espolvorea uniformemente la mezcla de pan por encima. Rocía ligeramente la parte superior con aceite en aerosol. Hornea por unos 30 minutos hasta que el relleno esté caliente y la mezcla de pan ligeramente dorada.

6. Sírvelos calientes.

nachos de pavo

¡Sí, puedes hacer nachos saludables y disfrutarlos! Yo corto y horneo tortillas de trigo integral y las cubro con pavo cocido, frijoles negros y una pizca de mezcla de queso mexicano bajo en grasa. Aguacate, cebolletas y yogur griego descremado le dan un toque final.

RINDE 4 PORCIONES

pico de gallo:

4 tomates maduros, cortados en cubitos

1 cebolla blanca pequeña, picada en cubitos

2 chiles jalapeños, sin semillas y picados finamente

½ taza de hojas de cilantro picadas

¼ de taza de jugo fresco de limón

1 cucharadita de aceite de oliva extra virgen

sal kosher

pimienta negra recién molida

relleno:

2 cucharadas de aceite de oliva

1 libra de pechuga de pavo magra

1½ cucharadita de chile en polvo

1 cucharadita de comino molido

½ cucharadita de ajo en polvo

½ cucharadita de cebolla en polvo

½ cucharadita de pimentón dulce en polvo

¼ de cucharadita de orégano seco

⅛ de cucharadita de sal

¼ de taza de agua

4 tortillas de trigo integral o de grano entero de 8 a 10 pulgadas, cortadas en 6 triángulos cada una

aceite en aerosol para cocinar

1 bolsa de 8 onzas de mezcla de queso mexicano bajo en grasa

1 lata de 15 onzas de frijoles negros, enjuagados y escurridos

½ taza de aceitunas negras maduras, cortadas en rodajas

1 aguacate Hass, pelado, sin semilla y cortado en cubos

crema agria sin grasa o yogur griego natural descremado (opcional)

2 cebolletas —las partes blancas y las verde claro— picadas (½ taza)

1. Para hacer el pico de gallo, mezcla los tomates, la cebolla, los jalapeños, el cilantro, el jugo de limón y el aceite en un recipiente mediano. Sazona con sal y pimienta.

2. Calienta el aceite a fuego medio-alto en una sartén grande. Agrega el pavo y las especies secas, incluyendo la sal. Cocina por unos 5 minutos, revolviendo, hasta que se empiece a dorar. Agrega el agua y reduce el fuego a medio-bajo. Tapa y cocina hasta que el pavo esté cocido, 5 minutos.

3. Precalienta el horno a 400°F. Cubre con papel aluminio 2 bandejas para hornear grandes.

4. Extiende los trozos de tortilla en las bandejas para hornear y rocía con el aceite en aerosol. Hornéalos por unos 5 minutos hasta que estén dorados y crujientes. Sácalos del horno.

5. Rocía con aceite en aerosol una fuente para hornear grande y honda. Esparce la mitad de los triángulos de tortilla en la fuente y cubre con la mitad del queso, la mitad de la mezcla de pavo, la mitad de los frijoles y la mitad de las aceitunas. Cubre todo eso con los trozos de tortillas restantes y repite el proceso con el resto del queso, la mezcla de pavo, los frijoles y las aceitunas. Hornea por unos 10 minutos hasta que el queso se derrita.

6. Saca del horno y encima añade la mitad del pico de gallo y el aguacate. Echa una cucharada grande de la crema agria en la parte superior de los nachos. Espolvorea con la cebolleta. Sirve de inmediato, con el pico de gallo restante a un lado como acompañamiento.

tostadas de antipasto de sardinas

Mientras tenga algunas sardinas enlatadas y alcaparras en mi despensa, sé que puedo hacer fácilmente este simple aperitivo de inspiración española para ofrecerlo a mis invitados, o como una comida rápida para mí. Sobre pan tostado y frotado con ajo pongo las sardinas, una ensalada de tomate, alcaparras y cebolla, y unas pocas hojas de rúcula. Coloco las tostadas en una fuente y sirvo con cava, el vino espumoso español. Mis favoritas son las sardinas marca Ortiz, de España, disponibles en muchos supermercados o en línea, en Latienda.com.

RINDE DE 4 A 6 PORCIONES

2 tomates grandes, sin semillas y cortados en cuadrados de ½ pulgada

2 cucharadas de alcaparras nonpareil escurridas

ralladura de 1 limón amarillo

1 cucharada de jugo fresco de limón amarillo

1 cucharada de cebolla roja, picada fina

1 cucharada de perejil de hoja plana fresco, más un poco para decorar, picado finamente

1 cucharada de aceite de oliva

⅛ de cucharadita de comino molido

sal

pimienta negra recién molida

1 baguette de trigo entero, cortada en diagonal en 12 a 14 rebanadas de ½ pulgada

1 diente de ajo cortado a la mitad

una lata (6,7 onzas) de sardinas en aceite escurridas y desmenuzadas con un tenedor

2 tazas de rúcula bebé

aceite de oliva extra virgen

1. Mezcla los tomates, las alcaparras, ¼ de la ralladura de limón amarillo, el jugo del limón, la cebolla, el perejil, el aceite y el comino. Sazona con sal y pimienta.

2. Precalienta el horno a 500°F. Coloca las rebanadas de pan en una bandeja para hornear grande. Hornea durante 2 minutos. Voltea las rebanadas de pan y hornea unos 2 minutos más hasta que el pan esté ligeramente tostado. Mientras el pan está todavía caliente, frota cada rebanada con las mitades del diente de ajo.

3. Cubre cada tostada con cantidades iguales de sardinas desmenuzadas, la mezcla de tomate y unas pocas hojas de rúcula. Colócalas en una fuente para servir. Rocía con el aceite de oliva extra virgen. Espolvorea con la ralladura de limón y el perejil restantes, y sazona con sal y pimienta. Sirve inmediatamente.

CHICA TIP

! **Tostada se refiere a cualquier pan cortado en rebanadas o tortillas que han sido tostadas. Cualquier pan, o tostada de pan, sobrante se puede utilizar en las Torrijas (página 29) o convertir en migas de pan.**

latin d'lite

ensalada *caprese* tropical con alioli de cilantro

Jugosa piña y mango reemplazan a la mozzarella en mi versión tropical de la ensalada *caprese*. La enzima bromelina natural de la fruta ayuda en la digestión y, además, el sabor dulce y a la vez agrio de la piña equilibra los sabores en esta ensalada.

RINDE 6 PORCIONES

alioli:

¼ de taza de cilantro fresco picado grande

2 yemas de huevos grandes

2 dientes de ajo, pelados

⅛ de cucharadita de sal

¼ de taza de aceite de oliva

ensalada:

4 tomates grandes, cortados en rodajas de ½ pulgada de grosor

1¼ tazas de piña fresca cortada en cubos

1½ taza de mango fresco cortado en cubos

3 hojas de albahaca fresca, cortadas finamente

1. Para hacer el alioli, licua el cilantro, las yemas de huevo, el ajo y la sal en un procesador de alimentos o una licuadora. Con la máquina en funcionamiento, añade lentamente el aceite a través del tubo de alimentación (o el agujero en la tapa de la licuadora) hasta que la mezcla espese y esté cremosa.

2. Divide las rodajas de tomate en partes iguales entre 6 platos. Encima coloca uniformemente la piña y el mango en cubos y sobre eso esparce la albahaca. Rocía cada porción con el alioli de cilantro. Sirve inmediatamente.

CHICA TIP

! Si te preocupa consumir huevos crudos, muchos supermercados actualmente venden huevos pasteurizados en su cáscara.

¡No te deshagas de la cáscara de la piña! Por mucho tiempo la piña ha sido conocida por sus efectos diuréticos y antiinflamatorios. Pon la cáscara cortada de la piña y un cuarto de galón de agua en una olla. Calienta hasta que hierva y luego apaga el fuego. Deja reposar de 4 a 6 horas. Cuela el líquido en un recipiente y refrigéralo hasta por 2 días. Yo bebo un vaso cuando me siento un poco hinchada o adolorida.

tostadas integrales con frijoles negros y queso fresco

Hago las tostadas con pan integral para que sean más saludables. (Los panes de grano entero contienen el doble de fibra dietética y proteína que el pan blanco). Para hacer un aperitivo fácil, encima les echo cremosos frijoles negros, tomates *cherry* y un poco de queso fresco. Agrega un poco de atún en conserva para servir las tostadas como plato principal.

RINDE 6 PORCIONES

- 1 baguette de trigo entero, cortada en diagonal en 14 rebanadas de ½ pulgada
- 1 diente de ajo, pelado y cortado a la mitad
- 1 cucharadita de aceite de oliva, y algo más para rociar
- 1 lata de 15 onzas de frijoles negros, enjuagados y escurridos
- 2 cucharaditas de vinagre de vino tinto
- ⅛ de cucharadita de pimentón dulce en polvo
- ⅛ de cucharadita de sal
- 1 taza de tomates cherry o tomates uva, picados finamente
- 2 cucharadas de cilantro fresco, y algo más para adornar, picado finamente
- ½ taza de queso fresco o queso feta bajo en grasa, cortado en cubos pequeños
- Pimienta negra recién molida

1. Precalienta el horno a 500°F.

2. Coloca las rebanadas de pan en una bandeja para hornear grande. Hornea durante 2 minutos. Voltea las rebanadas y hornea unos 2 minutos más hasta que el pan esté ligeramente tostado. Mientras el pan está todavía caliente, frota cada rebanada con una mitad del diente de ajo.

3. Calienta el aceite en una sartén grande a fuego medio-alto. Agrega los frijoles negros, el vinagre, el pimentón y la sal y cocina por unos 5 minutos, revolviendo con frecuencia, hasta que esté caliente. Añade los tomates, el cilantro y la mitad del queso fresco y calienta por unos 3 minutos más. Retira del fuego y sazona con pimienta.

4. Para servir, encima de cada tostada echa una cucharada de la mezcla de frijoles negros y esparce el queso fresco y el cilantro restante. Rocía con aceite de oliva y sirve inmediatamente.

bolas de bacalao

Mis livianas bolas de bacalao son una especie completamente diferente de las fritas que hacía mi mamá con bacalao salado. Uso bacalao fresco, que no requiere del tedioso y largo proceso de remojo y cambio de agua que necesita el bacalao en salazón. Me parece que la salsa Tabasco verde tiene un sabor más suave que la roja.

RINDE 12 PORCIONES

- 3 papas medianas para hornear, como las Russet (1½ libra), peladas y cortadas en trozos
- 3 tazas de jugo de almeja embotellado o caldo de pescado
- 1 cebolla amarilla mediana, cortada en cuatro
- 1 hoja de laurel
- 1 libra de filetes de bacalao o eglefino, cortado en trozos de 2 pulgadas
- 2 huevos grandes, ligeramente batidos
- 3 cucharadas de cilantro fresco, y algo más para decorar, picado finamente
- 1½ cucharadita de salsa picante verde, como la salsa Tabasco
- 1 cucharadita de sal kosher
- aceite en aerosol para cocinar
- 1 taza de pan rallado seco sazonado

1. Pon las papas y el jugo de almeja en una olla mediana y deja hervir a fuego medio. Reduce el fuego a medio-bajo, tapa y cocina por aproximadamente 20 minutos hasta que las papas estén tiernas. Con una cuchara calada, transfiere las papas a un recipiente. No deseches el líquido de cocción. Mientras las papas están todavía calientes, hazlas puré con un machacador de mano y deja a un lado.

2. Agrega la cebolla y la hoja de laurel al líquido de cocción. Pon a hervir a fuego lento y cocina por 3 minutos. Añade el bacalao al caldo hirviendo y cocina a fuego lento alrededor de 3 minutos hasta que el pescado esté cocido. Retira el pescado con una cuchara calada y agrégalo al puré de papas. Mezcla bien.

3. Añade los huevos, el cilantro, la salsa picante y la sal a la mezcla de pescado y papas. Incorpora hasta que todo esté bien combinado. Cubre con papel plástico y refrigera hasta que esté completamente fría y firme, por lo menos 4 horas o toda la noche preferiblemente.

4. Precalienta el horno a 400°F. Rocía totalmente una bandeja para hornear con aerosol para cocinar. Reparte el pan rallado en un plato.

5. Usando una pequeña cuchara para helado, haz bolitas de 2 pulgadas con la mezcla refrigerada de pescado y papas. Luego rueda cada bola sobre el pan rallado hasta recubrirla por completo. Pon las bolas de bacalao en la bandeja preparada y rocía ligeramente la parte superior con aceite en aerosol para cocinar, lo que las hará realmente crujientes. Hornéalas de 20 a 25 minutos hasta que las bolas estén bien doradas. Transfiere las bolas de bacalao a un plato y espolvorea con el cilantro.

bocaditos

Me parece que la manera más fácil de cuidar mi peso es mirar un plato y preguntarme: «¿Qué puedo omitir sin sacrificar el sabor?». Dejo de lado las tortillas de 200 calorías y envuelvo el relleno en lechuga romana, u otra lechuga de hojas grandes, para hacer deliciosos y sustanciosos bocaditos. Estos pequeños bocados evitan que coma meriendas altas en grasa con poco valor nutricional. A continuación, otros bocaditos rápidos y llenadores que disfruto mucho:

AGUACATE ENVUELTO EN PAVO: Envuelve ¼ de un aguacate en una rebanada de pechuga de pavo baja en sodio cortada muy finamente. Rocía con ¼ de cucharadita de miel y espolvorea con pistachos triturados.

ROLLITO DE LECHUGA Y PAVO CON CREMA DE YOGUR DE SOYA Y CILANTRO: Bate juntas 2 cucharadas de yogur griego descremado, 1 cucharadita de cilantro fresco picado finamente, ¼ de cucharadita de salsa de soya (preferiblemente Nama Shoyu), ½ cucharadita de agua y una pizca de orégano seco en un recipiente pequeño. Esparce la salsa de yogur sobre las hojas de lechuga. Cubre con 2 rebanadas delgadas de pavo bajo en sodio. Enrolla y disfruta.

CHICA TIP

Yo compro pechuga de pavo rebanada de la marca Applegate Farms Naturals Organic en la sección de fiambres del supermercado. Es verdadero pavo asado con una modesta cantidad de sal y no tiene ningún relleno. También recomiendo la salsa de soya Nama Shoyu, sabrosa y no pasteurizada, que se vende en las tiendas naturistas y algunos supermercados.

palomitas al chile

Cuando leí que un recipiente grande de palomitas saladas en el cine puede contener hasta 1.200 calorías y 60 gramos de grasa saturada, supe que tenía que crear una versión más saludable. Cocino palomitas de maíz en la menor cantidad de un aceite bueno para la salud. Entonces les doy un toque de sabor con un poco de queso parmesano y una fina capa de chile en polvo. ¡Siéntate y disfruta de la película!

RINDE 2 PORCIONES

1 cucharada de aceite de canola

¼ de taza de granos de maíz para palomitas

1 cucharadita de chile en polvo

2 cucharadas de queso parmesano recién rallado

sal

pimienta negra recién molida

1 cucharada de cilantro fresco, picado finamente

1. Calienta el aceite en una sartén grande y profunda a fuego alto hasta que esté muy caliente, pero no echando humo. Añade un grano de maíz, tapa bien y deja cocinar hasta que salte. Agrega el resto del maíz, tapa bien y cocina por aproximadamente 2 minutos, agitando constantemente la olla sobre el quemador, hasta que los granos de maíz dejen de saltar.

2. Transfiere las palomitas de maíz a un recipiente. Agrega el chile en polvo y el queso parmesano y mezcla, sazonando con sal y pimienta. Espolvorea con el cilantro y sirve inmediatamente.

chips de col rizada con sal y vinagre

Algunas personas no pueden decir que no a cualquier cosa con chocolate. Mi debilidad es el deseo de comer papas fritas con sal y vinagre en la tarde. Necesitaba encontrar algo saludable pero igual de satisfactorio. Para esta merienda saludable, revuelvo hojas verde oscuro de col rizada (asegúrate de usar col rizada negra y de secar bien las hojas o no quedarán crujientes) con aceite de oliva y vinagre, y luego las horneo para obtener una crujiente merienda. Tanto niños como adultos aman estos chips de col rizada; verás cómo nunca son suficientes.

RINDE DE 4 A 6 PORCIONES

1 manojo de col rizada Toscana (también llamada dinosaurio o *cavalo nero*), bien lavada y seca

1 cucharada de aceite de oliva

1 cucharada de vinagre de sidra de manzana

sal kosher

1. Precalienta el horno a 350°F. Cubre 2 hojas grandes para hornear con papel mantequilla.

2. Saca y desecha los tallos gruesos de las hojas de col rizada. Corta las hojas en trozos de aproximadamente 3 pulgadas de largo. Pon la col en un recipiente y mézclala con el aceite y el vinagre. Esparce la mezcla sobre la bandeja para hornear.

3. Hornéalas alrededor 15 minutos hasta que las hojas estén crujientes. No dejes que las hojas se pongan más allá de un color verde oscuro o tendrán un sabor amargo. Espolvorea con sal, cuidadosamente transfiere a un recipiente y sirve.

chips de plátano horneado

Los chips de plátano frito son el equivalente hispano a las papas fritas. Ya sean hechos en casa o comprados, por lo general son fritos, una opción poco saludable. Pero los chips de plátano horneados me permiten disfrutar de ellos con más frecuencia. Yo los sirvo con dip y sopas o solos como merienda.

RINDE DE 4 A 6 PORCIONES

2 plátanos verdes, pelados
3 cucharadas de aceite de oliva
sal kosher

1. Precalienta el horno a 400°F. Cubre una bandeja para hornear grande con papel mantequilla o con papel aluminio.

2. Con una mandolina o un cuchillo, corta los plátanos transversalmente en rodajas de $\frac{1}{16}$ de pulgada de grosor. Pásalos a un recipiente mediano. Rocía con el aceite y mezcla bien; sazona con la sal. Extiéndelos en una sola capa en la bandeja para hornear.

3. Hornéalos entre 18 y 20 minutos hasta que los plátanos estén crujientes y ligeramente dorados. Espolvorea con más sal si lo deseas.

guacamole de mango y tomatillo

Piensa en el guacamole como un lienzo en blanco al que le queda bien la adición de otros ingredientes, como el mango dulce y los tomatillos agrios. Sirvo esto como un dip o como salsa para camarones, pescado o pollo a la parrilla.

RINDE 2 TAZAS

2 aguacates Hass maduros, pelados, sin semilla y cortados a la mitad

2 tomates, picados finamente

1 mango maduro, pelado, sin semilla y cortado en cubos

½ cebolla roja pequeña, picada finamente

1 chile serrano picado finamente (quítale las semillas antes de cortarlo para que sea menos picante)

2 cucharadas de cilantro fresco, picado

1 cucharada de hojas de menta fresca, picadas

1½ cucharada de jugo fresco de limón amarillo

sal kosher

chips de tortilla o pita tostadas al horno, para servir

1. Machaca con un tenedor los aguacates en un recipiente mediano, dejando algunos trozos y sin convertirlo completamente en puré. Añade los tomates, el mango, la cebolla, el chile, el cilantro y la menta. Agrega el jugo de limón y mezcla suavemente para distribuir uniformemente los ingredientes. Sazona con sal.

2. Cubre poniendo directamente sobre el guacamole un pedazo de papel plástico para que no pierda el color y refrigera por lo menos 1 hora hasta que se enfríe. Sirve con los chips.

CHICA TIP

Los aguacates son mi fruta preferida, sobre todo cuando se trata de mantener mi peso. Como aguacate en cada comida porque es saludable, abundante y, como todas las otras frutas, no tiene grasas saturadas. Disfruto de algunas rodajas por la mañana con claras de huevo revueltas, en las ensaladas que como de plato principal a la hora del almuerzo, y con pescado o pollo en la cena. Pon un poco de aguacate maduro sobre tostadas de pan integral o úntalo en un sándwich en lugar de mayonesa. Entre comidas, el comerme la mitad de un cremoso aguacate me mantiene con energía. En particular, me gustan los aguacates Hass chilenos por su sabor intenso y rica textura. Búscalos en tu supermercado.

dip de poblano asado y garbanzos

Esta salsa inspirada en el hummus de garbanzo reemplaza con yogur griego espeso al aceite de oliva y al tahini alto en grasa. Lo que lo hace único es el seductor sabor ahumado del chile poblano asado combinado con ajo caramelizado y comino almizclado.

RINDE 4 PORCIONES

4 pitas de trigo entero, cortadas en 6 a 8 trozos

1 cabeza de ajo (ver *Chica Tip*)

1 chile poblano

aceite de oliva extra virgen

1 lata de 16 onzas de garbanzos, enjuagados y escurridos

⅓ de taza de yogur griego descremado

2 cucharadas de jugo fresco de limón

2 cucharadas de agua, según sea necesario

¼ de cucharadita de comino molido

una pizca de pimienta de cayena

sal

pimienta negra

1. Precalienta el horno a 375°F.

2. Pon los trozos de pita en 2 bandejas para hornear. Hornea por unos 10 minutos, volteando los trozos a la mitad de la cocción, hasta que estén crujientes. Pasa los trozos a un plato y déjalos enfriar. Manten el horno encendido.

3. Cubre una bandeja para hornear con papel aluminio. Siguiendo el Chica Tip a continuación, coloca el ajo cubierto en papel aluminio en la bandeja para hornear. Agrega el chile a la bandeja y unta con aceite. Hornea por unos 30 minutos, dando vuelta al chile a la mitad de la cocción, hasta que su piel se afloje y la cabeza del ajo se sienta suave al apretarla.

CHICA TIP

Cuando se asa en el horno, el ajo toma un sabor ligeramente dulce y de nuez, y una textura mantecosa. De hecho, ahora utilizo ajo asado en lugar de mantequilla con carnes a la parrilla y verduras al horno.

Precalienta el horno a 400°F. Elimina las capas externas de la cáscara de una cabeza o dos de ajo. Corta ¼ de pulgada de la parte superior, dejando al descubierto todos los dientes de ajo. Pon la cabeza de ajo entera en un pedazo de papel aluminio lo suficientemente grande como para cubrirla completamente. Rocía con aceite de oliva y envuelve el ajo. Colócalo en una bandeja para hornear pequeña y hornea entre 45 minutos y 1 hora hasta que esté blando —lo que puedes comprobar pinchándolo con un cuchillo—. Sácalo del horno y déjalo enfriar. Para utilizarlo, aprieta el ajo para sacar la carne suave, desechando la cáscara. Cubre y refrigera el ajo asado que no utilices por un máximo de 2 días.

4. Pon el chile en un recipiente pequeño y tapa bien con papel plástico. Desenvuelve el ajo. Déjalo reposar a temperatura ambiente hasta que se enfríe lo suficiente como para manipularlo. Sácale la corteza, las semillas y la piel al chile y ponlo en un procesador de alimentos. Remueve de la cáscara la carne ablandada del ajo, apretándolo, y colócala en un recipiente pequeño. Añade 2 dientes de ajo asados al procesador de alimentos y cubre, y guarda el ajo restante para otro uso.

5. Añade los garbanzos, el yogur, el jugo de limón, el agua, el comino y la pimienta de cayena al procesador de alimentos y muele hasta que quede una mezcla suave. Para una salsa menos espesa, añade más agua, una cucharada a la vez. Sazona con sal y pimienta negra. Transfiere la salsa a un recipiente y déjala reposar a temperatura ambiente durante 1 hora antes de servir.

6. Rocía la salsa con aceite. Sírvela con los trozos de pita.

5. Si lo deseas, la salsa se puede refrigerar hasta por 2 días.

dip cremoso de alcachofa y espinacas

A la gente le encanta este clásico de los restaurantes estadounidenses, pero por lo general tiene muchas calorías. Asumí el reto e ideé una versión más saludable que es incluso más deliciosa. Prometo que no extrañarás la crema o la mayonesa en esta receta, ¡ni hablar de las calorías!

RINDE DE 4 A 6 PORCIONES

aceite en aerosol para cocinar

2 cucharadas de aceite de oliva

1 cebolla amarilla mediana, picada finamente

1 diente de ajo, picado muy finamente

1 caja de 10 onzas de espinaca picada congelada, descongelada y exprimida

1 tarro de 10 onzas de corazones de alcachofa, escurridos y picados

2 cucharaditas de salsa inglesa

un chorrito o dos de salsa Tabasco

½ taza de crema agria descremada

sal

pimienta

½ taza de queso feta bajo en grasa desmenuzado

una pizca de nuez moscada recién rallada

3 cucharadas de queso parmesano recién rallado

pumpernickel o pan de centeno tostado, para servir

1. Precalienta el horno a 375°F. Rocía ligeramente con aceite en aerosol una fuente para hornear cuadrada de 8 pulgadas.

2. Calienta el aceite de oliva en una sartén mediana a fuego medio. Agrega la cebolla y cocina por alrededor de 1 minuto, revolviendo frecuentemente, hasta que comience a ablandarse. Añade el ajo. Agrega las espinacas, las alcachofas, la salsa inglesa y la salsa Tabasco. Cocina por aproximadamente 1 minuto, revolviendo con frecuencia, hasta que esté bien caliente. Retira del fuego y añade la crema agria, el queso feta y la nuez moscada. Sazona con sal y pimienta. Esparce la mezcla en la fuente para hornear y espolvorea el queso parmesano encima.

3. Hornea durante 20 a 25 minutos hasta que la salsa esté burbujeante y ligeramente dorada. Sirve caliente, con las tostadas.

salsa tropical de sandía

Ya que la sandía y los pepinos están botánicamente relacionados, a menudo los utilizo juntos de maneras inesperadas. En esta salsa, la sandía y el mango reemplazan a los tomates. Sirve esta ligera y veraniega salsa con chips de tortilla horneados o como acompañamiento para pescado o pollo a la parrilla.

RINDE 3 TAZAS

1 taza (¼ de pulgada) de sandía sin semillas, pelada y cortada en cubitos

1 taza (¼ de pulgada) de mango, pelado, sin semilla y cortado en cubitos

1 taza (¼ de pulgada) de pepino, pelado, sin semillas y cortado en cubitos

1 chile jalapeño, sin semillas y sin nervaduras, picado muy finamente

¼ de taza de jugo fresco de limón

2 cucharadas de cilantro fresco, picado finamente

1 cucharada de hojas de perejil de hoja plana fresco, picado finamente

sal kosher

pimienta negra recién molida

Mezcla la sandía, el mango, el pepino y el jalapeño en un recipiente mediano. Agrega el jugo de limón, el cilantro y el perejil. Sazona con la sal y la pimienta. Refrigera durante al menos 30 minutos y hasta por 1 hora. Sirve frío.

arañitas de plátano con salsa *aguacateliciosa*

A diferencia de los tradicionales plátanos fritos (tostones), que se cortan en rodajas, se fríen, luego se aplastan y se vuelven a freír, estos se rallan y se fríen una vez, lo que los hace similares a los panqueques de papa. Se llaman arañitas porque los plátanos rallados se arrastran o extienden hacia afuera cuando se fríen. Son tan buenas que merecen salsa *aguacateliciosa*.

RINDE 4 PORCIONES

aceite de canola para freír

4 dientes de ajo

sal kosher

3 plátanos verdes, pelados y rallados en los agujeros grandes de un rallador

pimienta negra recién molida

¼ de taza de cilantro fresco picado

salsa *aguacateliciosa* (página 61)

1. Calienta 2 pulgadas de aceite a 350°F en una sartén pesada o una olla profunda a fuego medio-alto. Cubre un plato con una toalla de papel y deja a un lado.

2. Mientras se calienta el aceite, coloca los dientes de ajo en una tabla para cortar. Córtalos por la mitad a lo largo y luego aplástalos con el costado de un cuchillo cocinero. Espolvorea una pizca de sal encima del ajo y luego pica y aplasta contra la tabla de cortar hasta que haga una pasta.

3. Coloca los plátanos rallados, la pasta de ajo y la pimienta en un recipiente grande y mezcla bien. Con una cuchara, saca una cucharada de la mezcla y aplástala con el dorso de otra cuchara. Suavemente desliza la cucharada aplanada en el aceite caliente; añade cuantas sean suficientes para llenar la olla o la sartén sin que se topen demasiado. Fríe por 4 a 5 minutos por cada lado hasta que estén dorados. (Si los fritos se ponen demasiado oscuros muy rápido, baja el fuego). Con una cuchara calada o espumadera pasa los fritos al plato cubierto con una toalla de papel, para que esta absorba el aceite innecesario. Espolvorea con sal y cilantro y sirve caliente.

CHICA TIP

! El plátano es un miembro de la familia del banano, pero más grande y con la piel más gruesa, lo que hace que sea difícil de pelar. Cuando aún no está maduro la cáscara es de color verde, y cuando madura es negra pero no podrida. Para pelar plátanos verdes, ponlos en un plato hondo con suficiente agua caliente para cubrirlos. Déjalos remojar durante 5 minutos. Sácalos del agua. Corta los dos extremos y luego haz 4 o 5 cortes verticales en la cáscara del plátano, sin cortar la carne. Retira la cáscara con las manos.

salsa *aguacateliciosa*

Esta cremosa mezcla de aguacate, mayonesa y queso crema hace una salsa para untar suave que va bien con las arañitas de plátano. También puedes agregar una cucharada en un tazón de sopa o utilizarla para untar en sándwiches.

RINDE 4 PORCIONES

1 aguacate Hass pelado, cortado a la mitad y sin semilla

⅓ de taza de mayonesa (normal o liviana)

⅓ de taza de queso crema

2 cebolletas —las partes blanca y verde claro— picadas

1 chile jalapeño, sin semillas y picado finamente

2 cucharadas de jugo fresco de limón

sal kosher

pimienta negra recién molida

arañitas de plátano (página 61)

Mezcla la el aguacate, mayonesa, el queso crema, la cebolleta, el jalapeño y el jugo de limón en un procesador de alimentos o en una licuadora durante aproximadamente 1 minuto, hasta que la mezcla esté suave. Sazona con sal y pimienta. Sirve inmediatamente.

sopa de tomates asados

sopas
para el alma

4

Cuando era pequeña, el almuerzo —nuestra comida principal del día— siempre empezaba con un reconfortante tazón de sopa. Mi mamá nos decía que una porción de sopa caliente nos llenaría y evitaría que comiéramos en exceso. Es muy cierto. También me parece que tomar una taza de sopa de escarola y limón o sopa mexicana de tomate asado calma los antojos entre comidas.

Para espesar sopas sin usar crema, harina o papas, doblo la medida de verduras y, una vez cocidas, las hago puré en una licuadora. Para una sopa con trozos, haz puré sólo 1 o 2 tazas de las verduras cocidas. Cuando las añadas a la olla, la sopa será más espesa y los sabores de las verduras serán más intensos. Para sopas cremosas, haz puré toda la mezcla.

Las sopas frías y las que contienen mariscos, tales como la sopa de paella y el aguadito, no se congelan bien. Todas mis otras sopas se pueden congelar y recalentar sin que sus sabores y texturas cambien. Dobla las cantidades en las recetas y congela las sopas en contenedores para porciones individuales. Siempre tendrás una comida casera a mano.

Finalmente, las sopas como la de repollo, chayote y pollo, y la de paella son una ración abundante de comida. Acompáñalas con una ensalada y tendrás una cena completa.

sopa de repollo, chayote y pollo

Si bien me encanta un nutritivo plato de sopa de pollo, no me gusta cuando le agregan fideos o arroz. Yo prefiero la mía con trozos de pollo y un montón de verduras. Justo antes de servir, añado un poco de aguacate en rebanadas y unas gotas de jugo de limón para realzar los sabores.

RINDE DE 6 A 8 PORCIONES

- 1 cucharada de aceite de oliva
- ½ cebolla amarilla mediana, picada
- 2 tazas de repollo verde empaquetado, rallado
- 2 cucharadas de cilantro fresco, picado finamente
- 2 dientes de ajo, picados muy finamente
- 1 cucharadita de orégano seco
- 1 cucharadita de Adobo Delicioso (página 8)
- 6 tazas de caldo de pollo con bajo contenido de sodio
- 2 chayotes, pelados y cortados en trozos de 1 pulgada
- 1 libra de tiras de pollo, cortadas por la mitad a lo ancho
- 1 aguacate Hass, pelado, cortado por la mitad, sin semilla y cortado en rebanadas
- limón, cortado en cuñas, para servir

1. Calienta el aceite en una olla grande a fuego medio. Añade la cebolla y cocina por cerca de 5 minutos, revolviendo ocasionalmente, hasta que esté ligeramente doradas. Agrega el repollo, el cilantro, el ajo, el orégano y el Adobo Delicioso y cocina durante unos 4 minutos hasta que el repollo comience a ablandarse. Añade el caldo y el chayote. Reduce el fuego a medio-bajo y cocina por unos 15 minutos. Agrega los trozos de pollo y cocina la sopa a fuego lento durante otros 15 minutos.

2. Con un cucharón, echa la sopa en platos hondos o tazones. Sírvela caliente, acompañada de las rebanadas de aguacate y las cuñas de limón.

CHICA TIP

! **Cuando peles el chayote, asegúrate de usar guantes, ya que puede ser muy resbaladizo y el líquido puede pelar la piel de las manos.**

sopa de tomates asados

La sopa de tomate es un clásico que muchos recuerdan de la infancia. Decidí que los adultos merecen una nueva versión con tomates asados, cebollas, hierbas y un poco de comino molido.

RINDE 2 PORCIONES

aceite en aerosol para cocinar

2 libras de tomates, cortados por la mitad transversalmente

2 cebollas amarillas medianas, cortadas a lo largo en cuartos

4 cucharadas de aceite de oliva

sal kosher

pimienta negra recién molida

6 dientes de ajo, picados muy finamente

1 cucharadita de hojas de orégano fresco, picadas finamente

1 cucharadita de hojas de tomillo fresco, picadas finamente

2 tazas de caldo de pollo bajo en sodio o caldo de verduras

2 cucharaditas de azúcar moreno, claro u oscuro

1 cucharadita de salsa inglesa

¼ de cucharadita de comino molido

½ taza de yogur estilo griego descremado

2 cucharadas de almendras laminadas

2 cucharadas de queso parmesano recién rallado

2 cucharadas de cilantro fresco, picado finamente

CHICA TIP

Mantén un paquete de almendras laminadas en el congelador para usar como decoración en sopas en lugar de crutones.

1. Precalienta el horno a 400°F.

2. Rocía con aceite en aerosol dos fuentes grandes para hornear de vidrio o cerámica. Coloca los tomates, con los lados cortados hacia arriba, en las fuentes y úntalos con una brocha con 2 cucharadas de aceite. Sazona con sal y pimienta. Hornea por alrededor de 45 minutos hasta que las cebollas se hayan ablandado y dorado. Deja que se enfríen. Pon los tomates y las cebollas en una licuadora o procesador de alimentos y hazlos puré en 2 tandas.

3. Calienta las 2 cucharadas de aceite restantes en una olla mediana a fuego medio. Agrega el ajo y cocina, revolviendo frecuentemente, hasta que esté dorado. Añade el orégano y el tomillo. Si el aceite es absorbido por el ajo y las hierbas, agrega de 2 a 4 cucharadas de caldo (no añadas más aceite) y cocina a fuego medio-bajo hasta que se evapore el caldo (2 a 3 minutos).

4. Mezcla el puré de verduras con el caldo de pollo restante, el azúcar moreno, la salsa inglesa y el comino. Sazona con sal y pimienta. Calienta hasta que hierva y cocina a fuego lento por 8 minutos.

5. Con un cucharón, echa la sopa en platos hondos o tazones. Añade una cucharada de yogur a cada porción y espolvorea con las almendras, el queso parmesano y el cilantro. Sirve caliente.

sopa de quinua y vegetales

Si bien la quinua se ha vuelto más popular en los últimos años, mi familia la comía a menudo porque era un alimento básico en la mesa de mi abuelo boliviano, Eduardo Ybarnegaray, cuando él era niño.

RINDE 6 PORCIONES

2 cucharadas de aceite de oliva

3 zanahorias medianas, cortadas en cubos de ½ pulgada

3 cebolletas —sólo las partes blanca y verde clara— cortadas en trozos de 1 pulgada

1 calabacín mediano, cortado por la mitad y luego en trozos de 1 pulgada

¼ de taza de perejil de hoja plana fresco, picado finamente, y un poco más para decorar

2 dientes de ajo pequeños, picados muy finamente

1 cucharadita de hojas de orégano, picadas

½ cucharadita de comino molido

4 tazas de caldo de pollo bajo en sodio o caldo de verduras

2 latas de 14 onzas de tomates asados con jugo, picados

2 tazas de agua

1 taza de quinua, enjuagada en un colador y bien escurrida

1 hoja de laurel

sal kosher

pimienta negra recién molida

2 aguacates Hass, pelados, partidos por la mitad, sin semilla y rebanados

1. Calienta el aceite en una olla grande a fuego medio. Añade las zanahorias, las cebolletas y el calabacín y cocina durante 4 minutos, revolviendo frecuentemente, hasta que el calabacín se ablande. Agrega el perejil, el ajo, el orégano y el comino y revuelve bien. Añade el caldo, los tomates con su jugo, el agua, la quinua y la hoja de laurel y calienta hasta que hierva. Reduce el fuego a medio-bajo y hierve por aproximadamente 20 minutos hasta que la quinua esté tierna. Sazona con sal y pimienta.

2. Divide el aguacate rebanado en partes iguales entre los platos hondos o tazones para sopa que vas a utilizar. Con un cucharón, echa la sopa en los platos, espolvorea con perejil y sirve caliente.

sopa de ajo

En España, la sopa de ajo era originalmente un plato campesino de ajo frito y pan en agua. A través de los años, se han añadido otros ingredientes: una pizca de pimienta de cayena y unas pocas hebras de azafrán para el color, y caldo de pollo para la contundencia. El ajo se suaviza y ablanda al cocinarse a fuego lento. El broche de oro es echarle un huevo escalfado encima; cuando se corta, la yema se rezuma en el caldo, dándole un toque extra elegante.

RINDE 4 PORCIONES

6 cucharadas de aceite de oliva

12 dientes de ajo, pelados

4 rebanadas de 1 pulgada de grosor de baguette de trigo entero cortadas en diagonal

4 tazas de caldo de pollo bajo en sodio

1 cucharadita de pimentón dulce en polvo, preferiblemente español

Sal kosher

Pimienta negra recién molida

4 huevos grandes

Perejil de hoja plana fresco, picado, para decorar

1. Calienta el aceite en una olla grande a fuego medio-alto hasta que esté muy caliente, pero no echando humo. Echa los ajos y fríelos por aproximadamente 1 minuto hasta que estén dorados. Con una cuchara canalada, pasa el ajo a un plato. Echa el pan en la olla, con el lado cortado hacia abajo, y cocina por 3 minutos, volteando una vez, hasta que esté dorado. Pásalo al plato con ajo.

2. Vuelve a colocar el ajo en la olla. Agrega el caldo y el pimentón en polvo, calienta hasta que hierva y cocina por unos 5 minutos para mezclar los sabores. Sazona con sal y pimienta. Reduce el fuego a medio-bajo para que el caldo siga hirviendo. Rompe un huevo en un recipiente pequeño y luego desliza el huevo en el caldo hirviendo. Repite con el resto de los huevos. Cocina a fuego lento por unos 4 minutos hasta que las claras estén firmes (básicamente estás escalfando los huevos en el caldo).

3. Vierte la sopa en las 4 tazas. Utilizando una cuchara calada, sirve un huevo escalfado en cada taza y cúbrelo con un pan tostado. Espolvoréalo con el perejil y sirve caliente.

sopa de pimientos rojos asados y lentejas

Me gusta la sopa de lentejas con muchas verduras —incluyendo pimientos rojos asados embotellados— y condimentos. Dado que las lentejas no necesitan remojo, esta sopa puede estar sobre la mesa en menos de una hora. Es aún mejor al día siguiente.

RINDE DE 6 A 8 PORCIONES

1 cucharada de aceite de oliva

½ taza de cebolla amarilla, picada

¼ de taza de apio, picado

¼ de taza de zanahorias, picadas

1 taza de lentejas secas, enjuagadas y escurridas

½ taza de pimientos rojos asados embotellados, picados

6 tazas de caldo de pollo bajo en sodio o caldo de verduras

¼ de taza de perejil de hoja plana, picado

½ cucharadita de hojas de orégano fresco, picado

⅛ de cucharadita de comino molido

1 cucharadita de vinagre de vino tinto

sal kosher

pimienta negra recién molida

1. Calienta el aceite en una olla grande a fuego medio. Echa la cebolla, el apio y las zanahorias y cocina por alrededor de 3 minutos, revolviendo frecuentemente, hasta que la cebolla esté transparente.

2. Añade las lentejas, los pimientos rojos, el caldo, 1 cucharada de perejil, el orégano y el comino. Calienta hasta que hierva. Reduce el fuego a medio-bajo y hierve por alrededor de 35 minutos hasta que las lentejas estén tiernas. Agrega el vinagre. Deja enfriar un poco.

3. En tandas, haz puré la sopa en una licuadora con la tapa entreabierta y viértela en un recipiente limpio. (O licua la sopa directamente en la olla con una licuadora de inmersión). Vuelve a calentar la sopa. Sazona con sal y pimienta. Con un cucharón, échala en platos hondos o tazones y espolvorea cada porción con el resto del perejil. Sírvela caliente.

sopa de limón y escarola

La acidez del limón va inesperadamente bien con la amargura rústica de la escarola en esta caldosa sopa mexicana de pollo. Un toque de chile jalapeño y ajo le dan suficiente vigor, el cilantro realza el aroma cítrico del limón, mientras que los arenosos clavos de olor y el comino añaden notas dulces y saladas a cada cucharada. Para un plato un poco más contundente, añade un huevo escalfado o un poco de pollo en tiras a cada plato antes de servir.

1 cucharada de aceite de oliva

2 cebollas amarillas pequeñas, cortadas en cuartos

2 jalapeños cortados a la mitad y sin semillas

8 dientes de ajo pelados y machacados con un cuchillo

¼ de cucharadita de comino molido

4 clavos de olor enteros

4 tazas de caldo de pollo bajo en sodio

1 escarola, deshojada o cortada en pedazos pequeños y bien enjuagada (suelta, alrededor de 8 tazas)

2 cucharadas de jugo fresco de limón

¼ de cucharadita de salsa Tabasco (opcional)

sal kosher

½ taza de cilantro fresco, picado grueso

3 cucharadas de ralladura de limón fresco

1. Calienta el aceite en una olla grande a fuego medio-alto. Echa las cebollas, los jalapeños, el ajo, el comino y los clavos de olor y cocina por unos 4 minutos, revolviendo frecuentemente, hasta que la cebolla esté transparente pero no dorada. Agrega el caldo y calienta hasta que hierva. Tapa, reduce el fuego y hierve a fuego lento por alrededor de 20 minutos hasta que el caldo esté fragante. Cuela el caldo con un cedazo de metal sobre un recipiente grande resistente al calor. Desecha los sólidos que quedaron en el cedazo.

2. Vuelve a echar el caldo a la olla y calienta hasta que hierva a fuego medio. Agrega la escarola, el jugo de limón y la salsa Tabasco (si la utilizas). Sazona con sal. Tapa y hierve a fuego lento entre 8 y 10 minutos hasta que la escarola se ablande. Retira del fuego. Agrega el cilantro y la ralladura de limón.

4. Sirve la sopa caliente en platos hondos o tazones.

sopa de camote y pollo

Así es como mi mamá me hacía la sopa de pollo: contundente, con camote, yuca, otros vegetales y un montón de condimentos. Yo era capaz de consumir platos y más platos de su sopa.

RINDE DE 6 A 8 PORCIONES

2 cucharadas de aceite de oliva

4 libras de pollo, preferiblemente orgánico, cortado en cuartos

1 cebolla amarilla grande, cortada en cubos de ½ pulgada

2 zanahorias grandes, cortadas en cubos de ½ pulgada

4 tallos de apio medianos, cortados en cubos de ½ pulgada

1 pimentón rojo mediano, sin centro, sin semillas, sin nervaduras y cortado en cubos de ½ pulgada

1 yuca mediana, pelada y cortada en cubos de ½ pulgada, o yuca congelada

1 camote grande, pelado y cortado en cubos de ½ pulgada

⅛ de cucharadita de comino molido

⅛ de cucharadita de achiote molido

8 tazas de agua o caldo de pollo bajo en sodio o caldo de verduras

1 manojo de cilantro fresco, picado

1 chile jalapeño, sin semillas y picado muy finamente o unas pocas gotas de salsa Tabasco (opcional)

3 dientes de ajo, picados muy finamente

1 cucharada de hojas de orégano fresco, picadas

sal kosher

pimienta negra recién molida

mitades de limón, para servir

1. Calienta 1 cucharada de aceite en una olla de hierro grande a fuego medio hasta que esté caliente pero no echando humo. En tandas, echa el pollo con la piel hacia abajo y cocina por 5 minutos, revolviendo ocasionalmente, hasta que se dore. Pásalo a un plato.

2. Añade el resto del aceite a la olla y calienta. Agrega las cebollas, las zanahorias, el apio, el pimentón rojo, la yuca, el camote, el comino y el achiote. Cocina por aproximadamente 8 minutos, revolviendo ocasionalmente, hasta que las cebollas estén transparentes.

3. Regresa el pollo a la olla. Añade el agua, la mitad del cilantro, el jalapeño, el ajo y el orégano. Calienta hasta que hierva, reduce el fuego y hierve a fuego lento de 35 a 40 minutos hasta que el pollo esté tierno. Sazona con sal y pimienta.

4. Con unas pinzas, pasa el pollo a una tabla para cortar. Deja que se enfríe ligeramente y luego remueve la piel y los huesos y desmenuza la carne. Echa el pollo de nuevo en la sopa y revuelve.

5. Para cada porción, exprime medio limón en un tazón de sopa. Con un cucharón echa la sopa en cada plato, espolvorea con un poco del cilantro restante y sírvela caliente.

CHICA TIP

! La yuca, también conocida como cassava o mandioca, es un tubérculo almidonado que se parece a una papa dulce. Un elemento básico en la cocina latina y africana, la yuca se puede hervir, cocer al vapor, moler para hacer harina para hornear o utilizar como espesante (la tapioca viene de la raíz de la yuca). En el supermercado busca yuca congelada firme, fresca o pelada. Al igual que las papas, almacena la yuca fresca en un lugar frío y seco.

sopa venezolana de frijoles negros

Unos amigos en Caracas me enseñaron a hacer caraotas negras, frijoles negros cocinados al estilo venezolano. Combínalos con una ensalada, unas verduras al vapor y un poco de arroz integral para una comida satisfactoria. Siempre me sorprende cómo un ingrediente tan simple como los frijoles puede saber tan distinto cuando se ponen en manos de diferentes cocineros.

RINDE DE 4 A 6 PORCIONES

1 cucharada de aceite de oliva

1 cebolla amarilla mediana, picada

1 pimentón verde mediano, sin corazón, sin semillas,sin nervaduras y picado

4 cebolletas —las partes blancas y las verde claro— picadas

1 diente de ajo, picado muy finamente

1 cucharada de comino molido

2 latas de 15 onzas de frijoles negros, sin enjuagar o escurrir

2 tazas de caldo de pollo bajo en sodio

¼ de taza más 2 cucharadas de cilantro fresco picado

1 cucharada de whisky escocés (opcional)

sal kosher

pimienta negra recién molida

aceite de oliva extra virgen, para servir (opcional)

1. Calienta el aceite en una olla grande a fuego medio. Echa la cebolla, el pimentón verde, las cebolletas, el ajo y el comino, y cocina durante 8 minutos, revolviendo ocasionalmente, hasta que las verduras estén tiernas. Agrega los frijoles con su líquido, el caldo, ¼ de taza de cilantro y el whisky, si lo usas, y calienta hasta que hierva. Reduce el fuego a medio-bajo y hierve por unos 10 minutos, revolviendo ocasionalmente, hasta que los sabores se mezclen. Sazona con sal y pimienta.

2. Con un cucharón, echa la sopa en platos hondos o tazones. Espolvorea cada porción con el cilantro restante y rocía con aceite de oliva, si lo deseas. Sirve caliente.

sopa fría de pepino y coco

Cuando hace demasiado calor para siquiera pensar en encender el horno, recurre a esta refrescante sopa. Los pepinos frescos se mezclan con leche de coco ligera, yogur griego, un poco de cebolla y hojas de menta fresca para una sopa de verano fácil de preparar.

RINDE 4 PORCIONES

3 pepinos

⅓ de taza de cebolla roja, picada

1½ taza de leche de coco liviana sin endulzar

¼ de taza más 2 cucharadas de yogur griego o bajo en grasa

2 cucharadas de jugo fresco de limón

5 hojas de menta

½ cucharadita de cúrcuma molida

½ cucharadita de pimienta blanca recién molida

sal kosher

1. Pela los pepinos. Córtalos por la mitad a lo largo y saca las semillas con la punta de una cuchara. Pica los pepinos en trozos grandes.

2. Haz un puré con los pepinos, la cebolla, la leche de coco, 2 cucharadas de yogur, el jugo de limón, la menta, la cúrcuma, la pimienta blanca y la sal en un procesador de alimentos. (O mezcla los ingredientes en un recipiente, haz puré en tandas con una licuadora y vierte la mezcla en otro recipiente). Cubre con papel plástico y refrigera hasta que se enfríe, por lo menos 2 horas y hasta 8 horas.

3. Con un cucharón, echa la sopa en platos hondos o tazones. Echa 1 cucharada del yogur restante sobre cada porción y sírvela fría.

gazpacho de arándanos y sandía

¿Quién necesita tomates para hacer gazpacho? Esta mezcla ligeramente dulce y ligeramente picante de arándanos, sandía y pimiento es un cambio de la versión vegetal tradicional y te da una idea de cómo me gusta jugar con diferentes sabores e ingredientes. Un tazón de esta refrescante sopa sin cocinar es perfecto en una noche de verano, cuando todos los ingredientes están en temporada.

RINDE 4 PORCIONES

5 tazas (cubos de ¼ de pulgada) de sandía sin semillas

1½ taza de arándanos frescos

1 pepino mediano, pelado, cortado por la mitad a lo largo, sin pepas y cortado en cubos de ¼ de pulgada

⅓ taza de vino tinto o vinagre con infusión de frutas

½ taza de hojas de cilantro, albahaca o menta fresca, picadas

½ cebolla roja mediana, picada

½ pimentón amarillo mediano, sin corazón, sin semillas, sin nervaduras y picado

1 chile jalapeño pequeño, sin semillas y picado finamente, según sea necesario

sal kosher

pimienta negra recién molida (opcional)

1 aguacate maduro Hass, partido por la mitad, pelado, sin semilla y cortado en rebanadas

1. Haz un puré con 4 tazas de sandía, los arándanos, la mitad del pepino y el vinagre en una licuadora o en un procesador de alimentos. Agrega el cilantro (reservando una cucharada), la cebolla, el pimentón amarillo y la cantidad que quieras de jalapeño, y pica todo finamente. Vierte la mezcla en un recipiente y añade el resto de la sandía y el pepino. Sazona con sal y pimienta si lo deseas.

2. Cubre y refrigera hasta que se enfríe, por lo menos 2 horas y por un máximo de 5 horas.

3. Echa la sopa en platos hondos, encima añade el aguacate y espolvorea con el cilantro restante. Sírvela fría.

CHICA TIP

! En tu próxima fiesta, sirve copas de martini o vasitos chicos llenos de sopa fría a temperatura ambiente. A tus invitados les encantará.

gazpacho

Se dice que la ciudad de Sevilla, en Andalucía —la región más al sur de España—, fue el lugar de nacimiento de esta popular sopa fría que no requiere de cocción. A algunas personas les gusta el gazpacho grueso y con trozos, pero yo prefiero el mío hecho puré y colado para obtener una sopa suave y sedosa. Es tu decisión: puedes licuar la sopa tanto como lo desees.

RINDE DE 4 A 6 PORCIONES

4 tomates grandes maduros

3 rebanadas de baguette de 1 pulgada de grosor, sin corteza

2 cucharadas de vinagre de jerez

2 cucharadas de agua

2 dientes de ajo, picados muy finamente

1 pepino, pelado, sin semillas y cortado en cubos de ¼ de pulgada

½ pimentón verde pequeño, sin corazón, sin semillas, sin nervaduras y cortado en cubos de ¼ de pulgada

2 cucharadas de aceite de oliva extra virgen

sal kosher

pimienta negra recién molida

2 cucharadas de cebollino fresco, picado finamente, para decorar

1. Llena con agua dos tercios de una olla mediana y calienta a fuego alto hasta que hierva. Usando un cuchillo de cocina, corta una pequeña «X» en el extremo liso de cada tomate. Retira la olla del fuego. Echa los tomates y deja reposar hasta que la piel se ablande. Pasa los tomates a un colador y déjalos enfriar hasta que sean fáciles de manipular. Remueve la piel del tomate y las semillas. Pica los tomates en trozos grandes.

2. Mezcla las rebanadas de pan, el vinagre, el agua y el ajo en un recipiente pequeño. Deja reposar por aproximadamente 10 minutos hasta que el pan esté blando. Esta mezcla actúa como un espesante y también le da sabor a la sopa gracias al ajo.

3. Coloca las ¾ partes del pepino y del pimentón en un recipiente mediano y agrega el tomate y la mezcla de pan. Mezcla el pepino y el pimentón restante en un recipiente pequeño, cubre y refrigera para decorar la sopa. Haz un puré con la mezcla de tomate en un procesador de alimentos. Con el procesador aún funcionando, añade el aceite. Para una sopa más suave, agrega más o menos una cucharada de agua. (O, en tandas, haz puré la mezcla en una licuadora y luego regrésala al recipiente, añadiendo el aceite a la mezcla final). Sazona con sal y pimienta. Cuela el caldo con un cedazo de metal mediano a otro recipiente. Cubre con papel plástico y refrigera por lo menos 1 hora y hasta 8 horas, para que se mezclen los sabores. Deja reposar a temperatura ambiente durante 30 minutos antes de servir para que la sopa no esté demasiado fría.

4. Sirve la sopa en platos hondos o tazones refrigerados. Echa un poco del pepino y del pimentón verde picado encima de cada porción y espolvorea con el cebollino.

sopa de paella

Me encanta la paella. Me encantan las sopas. Así que decidí jugar con todos los audaces sabores e ingredientes clásicos de la paella, el plato más famoso de España, y hacer una sopa reconfortante con mucho sabor y muchos ingredientes. Carne blanca de pollo, camarones, un toque de chorizo y un poco de arroz integral se cuecen juntos a fuego lento en un colorido caldo con aroma a azafrán, para producir un plato con de-todo-un-poco. Todo lo que necesitas (proteínas, carbohidratos y vegetales) se puede encontrar en esta saludable sopa.

RINDE 6 PORCIONES

1 cucharada de aceite de oliva

1 cebolla amarilla mediana, picada finamente

1 pimentón verde mediano, sin corazón, sin semillas, sin nervaduras y finamente picado

3 tomates italianos (también conocidos como tomates ciruela o tomates perita), sin semillas y cortados en cubos

1 chile serrano, sin semillas y picado muy finamente

2 dientes de ajo, picados muy finamente

6 tazas de caldo de pollo bajo en sodio

½ taza de arroz integral

¼ de cucharadita de hilos de azafrán machacados

2 pechugas de pollo cortadas por la mitad, deshuesadas, sin piel (aproximadamente 12 onzas), cortadas en tiras finas

½ libra de camarones medianos, pelados y desvenados

1 onza de chorizo español curado, cortado en rodajas finas

1 taza de guisantes descongelados o frescos, cocidos

sal kosher

pimienta negra recién molida

1. Calienta el aceite en una olla de hierro grande a fuego medio-alto. Echa la cebolla y el pimentón verde y cocina de 8 a 10 minutos, revolviendo ocasionalmente, hasta que las verduras estén muy tiernas. Añade los tomates, el chile y el ajo y cocina por unos 6 minutos, revolviendo ocasionalmente, hasta que los tomates estén suaves.

2. Agrega el caldo, el arroz y el azafrán y calienta hasta que hierva. Reduce el fuego a medio-bajo y cubre parcialmente la olla. Cocina a fuego lento por aproximadamente 40 minutos hasta que el arroz integral esté tierno. Añade el pollo, los camarones, el chorizo y los guisantes y cocina durante 4 minutos hasta que el pollo y los camarones estén cocidos. Sazona con sal y pimienta. Sírvela caliente en platos hondos o tazones.

sopa de calabaza y coco

Si bien la sopa de calabaza es un tradicional primer plato en muchas comidas de otoño, me parece que la mayoría de las versiones son muy insípidas y les vendría bien algo de sabores audaces. Mi punto de partida es la leche de coco, para llevar este clásico a otro nivel. Canela y nuez moscada equilibradas por un toque final de jengibre fresco y chile serrano hacen de esta una sopa destacada. Nunca más harás la sopa de calabaza de otra manera.

RINDE 6 PORCIONES

2 cucharaditas de aceite de oliva

3 chalotes grandes, cortados finamente (⅓ taza)

¼ de taza de jengibre fresco, pelado y picado

2 dientes de ajo, picados muy finamente

1 chile serrano, sin semillas y picado

1 cucharada, más 1 cucharadita, de azúcar moreno claro

4 tazas de caldo vegetal bajo en sodio

1½ libra de calabaza, pelada y cortada en trozos

2 palitos de canela de 3 pulgadas

½ cucharadita de sal

¼ de cucharadita de nuez moscada recién rallada

½ taza de leche de coco ligera

3 cucharadas de cilantro fresco, picado

1 cucharada de ralladura fresca de limón

1 cucharada de jugo fresco de limón

CHICA TIP

Actualmente se vende calabaza pelada y cortada en cubos en los supermercados, así que hacer esta sopa ¡es muy fácil!

1. Calienta el aceite en una olla de hierro a fuego medio. Echa los chalotes, el jengibre, el ajo y el chile. Cocina de 2 a 3 minutos revolviendo constantemente hasta que estén fragantes. Añade el azúcar y cocina por unos 2 minutos, revolviendo, hasta que los chalotes se empiecen a dorar. Agrega el caldo, la calabaza, la canela, la sal y la nuez moscada y calienta hasta que hierva. Reduce el fuego a medio-bajo y cocina por unos 20 minutos con la olla parcialmente cubierta, hasta que la calabaza esté tierna, lo que puedes comprobar pinchándola con un tenedor. Retira del fuego y deja enfriar durante 10 minutos. Saca y desecha los palitos de canela.

2. En tandas, haz puré la sopa en un procesador de alimentos o una licuadora. Devuelve la sopa a la olla (o utiliza una batidora de mano para hacer puré la sopa en la olla). Agrega, revolviendo, la leche de coco, el cilantro, la ralladura y el jugo de limón, y calienta. Sirve la sopa caliente, en platos hondos o tazones.

sopa de portobello, puerro y jerez

¿Qué pasó con la costumbre de servir sopa caliente como primer plato? Las sopas se preparan rápidamente y pueden, en su mayor parte, hacerse con anticipación y recalentarse. Mi cremosa sopa de portobello, hecha sin crema, es ideal. Mis invitados siempre se emocionan cuando se sientan a la mesa frente a un plato de sopa. Los sabores ricos e intensos proceden de los puerros y los champiñones, que son salteados en un poco de mantequilla antes de hacerlos puré. Un chorrito de jerez seco le da un poco de sabor a nuez a la sopa.

RINDE DE 4 A 6 PORCIONES

2 cucharadas de mantequilla sin sal

2 puerros medianos —sólo las partes blancas y las verde claro— cortados en rodajas finas y bien enjuagados

6 champiñones portobello, de aproximadamente 3 onzas cada uno, picados

2 cucharadas de harina para todo uso

4 tazas de caldo de pollo bajo en sodio

4 tazas de agua

¼ de taza de jerez seco o Madeira

sal kosher

pimienta blanca recién molida

½ taza de yogur griego descremado, para servir

3 cucharadas de perejil de hoja plana fresco, picado finamente, para servir

1 baguette de trigo entero, cortada en rebanadas

1. Derrite la mantequilla en una olla grande a fuego medio-alto hasta que esté ligeramente dorada. El dorarla realza el sabor de la mantequilla, pero ten cuidado de que no adquiera un color más intenso que el avellana claro. Añade los puerros y cocina por unos 2 minutos, revolviendo frecuentemente, hasta que se ablanden. Agrega los champiñones, revolviendo ocasionalmente por aproximadamente 10 minutos, hasta que estén tiernos y el líquido se haya evaporado. Espolvorea con la harina y cocina durante 2 minutos más, revolviendo casi constantemente, para que esta se cueza sin dorarse.

2. Agrega el caldo, el agua y el jerez y calienta hasta que hierva. Reduce el fuego y cocina a fuego lento por unos 10 minutos, revolviendo ocasionalmente, hasta que los sabores se mezclen y la sopa espese un poco. Sazona con sal y pimienta blanca al gusto. En tandas, haz puré la sopa en una licuadora, con la tapa entreabierta. Pasa la sopa a una olla limpia y vuelve a calentarla.

3. Con un cucharón, echa la sopa en platos hondos o tazones. Añade 1 cucharada de yogur encima de cada porción, espolvorea con perejil y sírvela caliente. Acompáñala con las rebanadas de baguette.

aguadito de mariscos

Esta es una sopa tradicional de Perú llena de almejas, calamares y camarones, con cantidades generosas de cilantro verde fresco y el dulce picor del ají panca color rojo ladrillo. A menudo sirvo esta sopa de mariscos cuando tengo invitados. Si bien esto te puede parecer mucho, te prometo que no habrá sobras.

RINDE 10 PORCIONES

1 taza de cilantro fresco

¼ de taza de agua

2 cucharadas de aceite de canola

1 cebolla amarilla mediana, cortada en cubos

4 dientes de ajo, picados muy finamente

1 cucharadita de pimentón dulce en polvo

1 cucharada de ají panca o chile pasilla en pasta

3 cuartos de galón de caldo de pescado

sal

pimienta negra recién molida

2 manojos de patas de cangrejo de las nieves

20 almejas duras pequeñas, lavadas y enjuagadas

8 onzas de vieiras de bahía

1 libra de camarones medianos, pelados y desvenados

1 libra de calamares limpios, cortados en anillos de ¼ de pulgada

1 taza de guisantes frescos o congelados

¾ de taza de arroz de grano largo

1 taza (cubos de ½ pulgada) de calabaza, pelada y sin semillas

2 cebolletas —sólo las partes blancas y las verde claro— cortadas en rodajas finas, para servir

Cuñas de limón, para servir

1. Haz un puré con el cilantro y el agua en una licuadora o en un procesador de alimentos. Déjalo a un lado, pero úsalo dentro de 15 minutos o cambiará de color.

2. Calienta el aceite en una olla sopera a fuego medio-alto. Echa la cebolla y el ajo y cocina por aproximadamente 2 minutos, revolviendo frecuentemente, hasta que estén suaves. Agrega el puré de cilantro y el pimentón dulce y cocina alrededor de 2 minutos hasta que espese un poco. Añade la pasta de ají panca y el caldo y sazona con sal y pimienta. Tapa y cocina por unos 10 minutos a fuego lento para mezclar los sabores.

3. Añade, revolviendo, las patas de cangrejo, las almejas, las vieiras, los camarones, los calamares, los guisantes, el arroz y la calabaza. Tapa y cocina a fuego lento por 30 minutos hasta que la calabaza esté tierna.

4. Con un cucharón, echa la sopa en platos hondos o tazones de sopa. Espolvorea cada porción con cebolleta y sirve con los cuñas de limón a un lado para exprimir el jugo en la sopa.

sopa de zanahoria, naranja y jengibre

La sopa de zanahoria es a menudo demasiado insípida y aburrida, pero agregando cáscara y jugo de naranja y un poco de jengibre fresco picante, mi versión es sabrosa y vibrante. Sírvela bien caliente antes de cenar en los meses de otoño e invierno, o fría en vasos de margarita como plato de entrada durante el verano.

RINDE DE 4 A 6 PORCIONES

1 cucharada de aceite de oliva

1 cucharada de mantequilla sin sal

2 puerros —sólo las partes blancas y las verde claro— cortados en rodajas y bien enjuagados

4 tazas de caldo de pollo bajo en sodio

6 zanahorias medianas, peladas y picadas

1 libra de papas rojas medianas, peladas y cortadas en trozos de 1 pulgada

ralladura fresca de 1 naranja

½ taza de jugo de naranja fresco

1 cucharada de jengibre fresco, pelado y rallado

sal

pimienta blanca recién molida

rodajas de naranja para decorar

hojas frescas de menta, para decorar

1. Calienta el aceite y la mantequilla en una olla a fuego medio-alto. Echa el puerro y cocina durante alrededor de 5 minutos, revolviendo ocasionalmente, hasta que esté tierno. Agrega el caldo, las zanahorias, las papas, la ralladura y el jugo de naranja, y el jengibre. Sazona con sal y pimienta. Calienta hasta que hierva. Reduce el fuego a medio-bajo y hierve por unos 25 minutos, revolviendo ocasionalmente, hasta que las papas y las zanahorias estén muy tiernas.

2. En tandas, haz puré la sopa en una licuadora con la tapa entreabierta y viértela en un recipiente limpio (o haz puré la sopa directamente en la olla con una batidora de inmersión). Vuelve a calentar la sopa. Con un cucharón, echa la sopa en platos hondos o tazones y sobre cada porción pon 1 rodaja de naranja y algunas hojas de menta. Sírvela caliente.

CHICA TIP

! **Para proteger mis nudillos, uso un rallador Microplane para rallar ingredientes como las cáscaras de cítricos, jengibre y cebolleta.**

sopa energizante de espinacas

La espinaca es un súper alimento con una larga lista de beneficios. Es baja en calorías y rica en fitonutrientes, vitaminas y minerales. La espinaca, al igual que otras verduras de hoja verde oscuro, contiene ácido fólico que, de hecho, ¡ayuda a mejorar tu estado de ánimo! Añado jengibre, cebolla y clavo de olor para hacer divertida esta sopa que es muy buena para tu salud.

RINDE 6 PORCIONES

2 cucharadas de aceite de oliva

1½ cebolla amarilla, picada

2 dientes de ajo, picados finamente

1 trozo —de 2 pulgadas— de raíz de jengibre fresco, pelado y rallado

3 papas medianas, peladas y cortadas en rodajas finas

6 tazas de caldo de pollo, casero o enlatado bajo en sodio

10 onzas de hojas de espinaca lavadas (alrededor de 6 tazas) y algunas hojas extra aparte picadas finamente para adornar

1 cucharadita de sal

pimienta negra fresca

ralladura de 1 limón, más 2 cucharadas de jugo de limón

1. Calienta el aceite en una olla grande a fuego medio-alto durante 1 minuto. Echa la cebolla, el ajo y el jengibre y cocina por unos 5 minutos hasta que estén blandos y dorados, revolviendo con frecuencia. Añade las papas y cocina por unos 5 minutos hasta que estén empezando a dorarse en los bordes. Agrega el caldo de pollo y cocina a fuego lento durante 15 minutos.

2. Añade, revolviendo, las hojas de espinaca, asegurándote de que estén todas sumergidas, y cocina por aproximadamente 2 minutos hasta que se ablanden. Sazona la sopa con un poco de sal, pimienta y jugo de limón, y apaga el fuego.

3. Pasa parte de la sopa a una licuadora y lícuala. (Cuando licues líquidos calientes, sólo llena la licuadora hasta la mitad, coloca la tapa sin cerrar por completo y presiona el botón de pulso para que el líquido libere algo de calor. De lo contrario, ¡la tapa de la licuadora podría saltar!). Pasa la sopa a una olla limpia y repite el proceso con el resto de la sopa.

4. Vuelve a calentar la sopa y sírvela con las hojas de espinaca picadas y un poco de ralladura de limón espolvoreadas encima.

¡Date un gusto!
sopa mexicana de maíz

Al utilizar menos tocino y reemplazar la crema con yogur griego, esta clásica sopa se vuelve más ligera, pero conserva sus sabores auténticos. Rica y cremosa, esta llenadora y reconfortante sopa es insuperable en un día frío cuando me merezco un gusto.

RINDE DE 4 A 6 PORCIONES

4 mazorcas de maíz o 3 tazas de granos de maíz congelado, ya descongelado

2 tomates medianos, picados en trozos grandes

1 cuarto de galón de caldo de pollo bajo en sodio

½ cucharadita de orégano seco

4 rebanadas de tocino cortado grueso

½ cebolla amarilla mediana, picada (aproximadamente 1 taza)

2 dientes de ajo, picados muy finamente

sal kosher

pimienta negra recién molida

3 cucharadas de perejil de hoja plana fresco, picado

½ taza de crema espesa (ver *Chica Tip*)

½ taza de queso fresco, queso campesino fresco, queso feta o crema agria (opcional)

chips de tortilla, para servir

CHICA TIP

! **Para un toque más ligero, utiliza yogur natural descremado estilo griego en lugar de crema.**

1. Si utilizas maíz fresco, raspa los granos de la mazorca con un cuchillo pequeño afilado o con una cuchara. En una licuadora haz puré la mitad de los granos de maíz, los tomates, 2 tazas de caldo y el orégano.

2. Cocina el tocino en una olla grande a fuego medio por aproximadamente 10 minutos, volteando una vez, hasta que esté dorado y crujiente. Pasa el tocino, dejando la grasa en la sartén, a un plato cubierto con toalla de papel para que este absorba la grasa restante.

3. Añade la cebolla a la olla y cocina por unos 3 minutos, revolviendo frecuentemente, hasta que esté blanda y transparente. Agrega el ajo y revuelve por aproximadamente 1 minuto hasta que esté fragante.

4. Añade el puré de tomate y maíz a la olla con las 2 tazas de caldo restante. Pon a hervir a fuego medio-bajo. Agrega los granos de maíz restantes y cocina por unos 20 minutos hasta que la sopa espese, revolviendo de vez en cuando y quitando la espuma de la superficie. Sazona con sal y pimienta.

5. Desmorona el tocino enfriado. Añade a la sopa la mitad del perejil y la crema, si la utilizas, y calienta. Sírvela en platos hondos o tazones y encima de cada porción echa tocino, queso fresco, chips de tortilla y el resto del perejil.

ensalada de verduras rostizadas, en
copas de aguacate

opción verde: ensaladas

Amo las ensaladas. Son imprescindibles en la mayoría de mis comidas. Es como si mi cuerpo me pidiera, o rogara, por una ensalada. Me encanta ser aventurera con las ensaladas y los aderezos e incluyo ingredientes que no se encuentran a menudo en ellas. De esa manera, nunca me aburro.

Cuando digo «ensaladas», me refiero a ensaladas grandes y abundantes con capas de todo tipo de texturas e ingredientes, desde endivia rizada pálida a frondosas espinacas verde oscuro y berro; una colorida variedad de vegetales asados como el calabacín, la berenjena y el hinojo; y un montón de mis frutas favoritas, como los aguacates y los mangos. Y cuando quiero hacer una comida completa con ellas, sólo les echo encima pollo o carne a la parrilla cortada en tiras o algunos camarones.

Me encanta hacer mis propios aderezos para ensaladas. ¡Son tan fáciles! Simplemente mezcla los ingredientes en un recipiente o agítalos en un frasco con tapa. Y así sabes exactamente lo que contienen tus aderezos. Un aderezo alto en grasa y azúcar puede hacer que cualquier ensalada sea tan calórica como una hamburguesa con todo. Nunca encontrarás aderezos para ensalada embotellados en mi refrigerador ¡No puedo soportarlos! ¿Quién necesita el azúcar y los conservantes cuando puede hacer fácilmente su propio aderezo?

Al igual que con todo lo que cocinas, tu comida será tan buena como los ingredientes que utilices. Especialmente con las ensaladas: los aceites, vinagres y condimentos que decidas usar harán una gran diferencia. Al preparar ensaladas es el momento ideal para usar ese aceite de oliva extra virgen especial o ese vinagre con infusión de mango que compraste en el mercado de agricultores. No necesitas mucho más que condimentos de primer nivel para marcar la diferencia.

En la mayoría de las ocasiones, la sal debe añadirse una vez que todos los ingredientes han sido mezclados. Prueba un poco del aderezo y añade sal según sea necesario. Cuando se trata de cocinar o blanquear verduras, uso sal kosher. Sin embargo, para dar un toque final a los platos prefiero sal rosa por su sabor puro. A ti te puede gustar el sabor de la sal Maldon o alguna otra sal de mar. Es por eso que sólo menciono el uso de la sal, ¡dejando que tú elijas la que más te guste!

Las ensaladas son un satisfactorio plato de comida para esta chica. Lo serán también para ti.

ensalada de jícama

La jícama es crujiente como el apio, almidonada como la papa y dulce como las manzanas. Una vez pelada la piel morena, rallo el interior blanco en un rallador de caja, y lo uso en lugar del repollo para una ensalada de inspiración latina. El único aderezo que necesita es el jugo fresco de limón (no mayonesa), haciendo de ésta tu ensalada saludable preferida cuando tienes deseos de algo ligero. Echa un poco de esta ensalada en sándwiches o hamburguesas de pavo a la parrilla.

RINDE 6 PORCIONES

1 libra de jícama (lo que equivale a aproximadamente 1 jícama mediana)

1 taza de cilantro fresco, picado

½ taza de pimiento verde, cortado en cubos

½ taza de pimiento rojo, cortado en cubos

½ taza de cebolla roja, cortada en cubos

1 cucharadita de ajo, picado muy finamente

3 cucharadas de jugo fresco de limón

sal kosher

pimienta negra recién molida

1. Pela la jícama con un pelador de verduras; desecha la cáscara. Ralla la jícama usando los agujeros más grandes del rallador.

2. Mezcla la jícama con el cilantro, el pimiento verde, el pimiento rojo, la cebolla y el ajo. Rocía con el jugo de limón y revuelve para combinar los ingredientes. Sazona con sal y pimienta, al gusto. Cubre y refrigera por lo menos 1 hora hasta que se enfríe. Sírvela fría.

CHICA TIP

! ¿No encuentras jícamas? No hay problema. Usa manzanas o peras asiáticas frescas en su lugar.

ensalada de berros y chayote con vinagreta de mango

Si no conoces el chayote, esta ensalada crujiente te seducirá. Al igual que otros ingredientes de su misma familia, como el calabacín y el pepino, el chayote se puede comer crudo o levemente cocido. El chayote tiene una piel verde arrugada y una pulpa blanca cremosa. Cuando el chayote se combina con rábanos picantes y berro y se adereza con una vinagreta de mango, el resultado es una elegante ensalada para un plato de entrada.

RINDE 4 PORCIONES

ensalada:

2 manojos de berros, sin tallos

1 chayote, pelado y cortado en cubos de 1 pulgada

3 rábanos medianos, cortados en rodajas finas

vinagreta:

1 mango, pelado, sin semilla y cortado en rodajas

½ taza de vinagre de vino blanco

¼ de taza de aceite de oliva extra virgen

½ cucharadita de azúcar

¼ de cucharadita de sal

pimienta negra recién molida

1. Para preparar la vinagreta, haz un puré con el mango, el vinagre, el aceite, el azúcar y la sal en una licuadora hasta que quede suave. Sazona con pimienta. Vierte la vinagreta en un recipiente pequeño, cubre y refrigera hasta que estés lista para servir.

2. Para preparar la ensalada, mezcla el berro, el chayote y los rábanos. Añade la mitad de la vinagreta y mezcla bien. Sirve la ensalada con el aderezo restante a un lado.

ensalada de mango, aguacate y espinaca con aderezo de semillas de amapola

Mangos y aguacates: las dos frutas sin las que, simplemente, no puedo vivir. Y siempre estoy creando nuevas maneras de combinar el dulce mango y el mantecoso aguacate en mi cocina. En esta receta mis dos favoritas, junto con espinacas y pistachos, se mezclan con un aderezo de semillas de amapola, jugo de limón y miel. Sirve esta ensalada como plato de entrada para una comida con mariscos o pollo a la parrilla.

RINDE 6 PORCIONES

aderezo:

¼ de taza de aceite de oliva extra virgen

2 cucharadas de jugo de limón

2 cucharaditas de miel

1 cucharada de semillas de amapola

1 cucharadita de vinagre de sidra

1 cucharadita de mostaza de Dijon

¼ de cucharadita de pimienta de cayena

sal kosher

pimienta negra recién molida

ensalada:

2 mangos grandes, pelados, sin semilla y cortados en cubos de ½ pulgada

2 aguacates Hass maduros, cortados por la mitad, sin semilla, pelados y cortados en cubos de ½ pulgada

½ taza de cilantro fresco, picado

1 taza de pistachos sin cáscara, ligeramente tostados y picados

1 bolsa de 5 onzas de espinacas pequeñas

ralladura fresca de 1 limón

1. Para preparar el aderezo, mezcla el aceite de oliva, el jugo de limón, la miel, las semillas de amapola, el vinagre, la mostaza y la pimienta de cayena en un frasco mediano con una tapa que cierre bien. Agita hasta que espese. Sazona con sal y pimienta.

2. Para hacer la ensalada, mezcla los mangos, los aguacates, el cilantro y la mitad de los pistachos en un recipiente mediano. Añade el aderezo y mezcla bien para cubrir todo.

3. Pon las espinacas en una fuente grande y encima echa la mezcla de mango y aguacate. Revuelve suavemente hasta que se mezclen los ingredientes. Espolvorea con la ralladura de limón y los pistachos restantes. Sirve inmediatamente.

ensalada de endivia rizada con higos, avellanas y manchego con vinagreta de guayaba

La endivia rizada, conocida en inglés como *frisée*, tiene una esencia ligeramente picante y especiada que da color, sabor, textura y nutrimento a las ensaladas mixtas. Para un toque tropical y ácido, mezclo la endivia rizada con una doble dosis de vinagreta de guayaba (néctar y pasta) y luego echo higos frescos, avellanas tostadas y un poco de queso manchego sobre las hojas verdes.

RINDE 6 PORCIONES

vinagreta:

¼ de taza de néctar de guayaba

2 cucharadas de vinagre de jerez

2 cucharadas de aceite de oliva extra virgen

1 pedazo de pasta de guayaba de 1 pulgada de largo por ¼ de pulgada de grosor, cortada en cubos

1 chalote, cortado en cuartos

1 cucharadita de miel

sal kosher

pimienta negra recién molida

ensalada:

1 endivia rizada, picada (alrededor de 10 tazas)

⅓ de taza de avellanas ligeramente tostadas y peladas, picadas

6 higos Mission frescos, sin tallos, cortados en cuartos

3 onzas de queso manchego añejo, laminado con un pelador de verduras

1. Para hacer la vinagreta, haz un puré con el néctar de guayaba, el vinagre, el aceite de oliva, la pasta de guayaba, el chalote y la miel en una licuadora. Mezcla hasta que el aderezo quede suave y cremoso. Sazona con sal y pimienta.

2. Para hacer la ensalada, coloca la endivia rizada en una ensaladera grande. Añade la mitad de la vinagreta y mezcla suavemente para cubrir todo. Echa las avellanas, los higos y el manchego de manera uniforme encima de la ensalada aderezada. Mezcla nuevamente y sirve inmediatamente.

CHICA TIP

! La guayaba dulce es rica en pectina, un gelificante y agente espesante de origen natural que también se encuentra en las manzanas y los membrillos. Por esto, la guayaba a menudo se cocina con azúcar y agua para hacer una pasta espesa que es lo suficientemente firme como para rebanarla. Si no encuentras pasta de guayaba, sustitúyela con mermelada o dulce de guayaba.

latin d'lite

clásica ensalada latina de tomate y aguacate

Esta deliciosa ensalada demuestra que los ingredientes de temporada saben mejor con poco esfuerzo. Los aguacates y los tomates son el centro de atención cuando se les rocía con esta vinagreta vibrante y son sazonados simplemente con sal de mar, pimienta negra recién molida y unas pocas hojas de cilantro. Cambio la preparación de esta ensalada durante toda la temporada de verano, con una colorida variedad de tomates *Heirloom*, añadiendo algunos frijoles o granos de maíz, o reemplazando las cebolletas con cebollas rojas cortadas finamente. También hace un muy buen relleno para sándwiches, para los vegetarianos que son parte de tu vida.

RINDE 6 PORCIONES

2 aguacates Hass, pelados, sin semilla y cortados en trozos de 1 pulgada.

2 tomates medianos, sin semillas y cortados en trozos de 1 pulgada

4 cebolletas —las partes blancas y las verde claro— cortadas en trozos de ½ pulgada de largo

1 taza de cilantro fresco, picado grueso

3 huevos duros, pelados y cortados en cubos de ½ pulgada

1 chile jalapeño, sin semillas, sin nervaduras y picado finamente

3 cucharadas de vinagre blanco destilado

sal kosher

pimienta negra recién molida

1 lechuga mantecosa o francesa, las hojas separadas en tazas

1. Mezcla delicadamente los aguacates, los tomates, las cebolletas, el cilantro, los huevos y el jalapeño en un recipiente mediano. Rocía el vinagre sobre la mezcla y revuelve suavemente, sazonando con sal y pimienta.

2. Para servir, coloca una taza de lechuga en cada plato y rellena cada una con la misma cantidad de la ensalada. Sirve inmediatamente.

ensalada de camarones y mango adobado con salsa de maíz asado y aguacate

Soy un poco rebelde en la cocina y me gusta idear nuevas formas de reinventar platos clásicos. ¿Recuerdas cuando la salsa se hacía sólo con tomates? Ahora las distintas variedades incluyen de todo, desde piña y pimientos hasta maíz y zanahoria. Así que se me ocurrió esta animada salsa de maíz, cebolla roja, aguacate y pimiento para acompañar brochetas de camarones y mango a la parrilla. Las brochetas se sumergen brevemente en un adobo de jugo de toronja y limón muy rápido de preparar.

RINDE 4 PORCIONES

adobo:

4 dientes de ajo

1 cucharadita de sal kosher

2 cucharaditas de comino molido

2 cucharaditas de pimentón dulce

1 cucharadita de orégano seco

Una pizca de pimienta de cayena

1 taza de jugo de toronja fresca

¼ de taza de jugo fresco de limón

2 cucharadas de aceite de oliva extra virgen

pimienta negra recién molida

para las brochetas:

brochetas de madera

2 libras de camarones grandes, pelados y desvenados, dejando las colas intactas

2 mangos grandes firmes, pelados y cortados en tajadas largas

salsa:

4 mazorcas de maíz, sin hojas ni hilos

3 cucharadas de aceite de oliva extra virgen

sal kosher y pimienta negra recién molida

2 aguacates Hass maduros, sin semilla, pelados y cortados en cubos

1 cebolla roja pequeña, picada finamente

1 pimiento rojo, sin corazón, sin semillas y picado finamente

1 chile jalapeño, sin semillas y picado muy finamente

3 cucharadas de hojas de cilantro o albahaca frescas, picadas, y algo más para decorar

2 cucharadas de jugo fresco de limón

2 cucharadas de vinagre de vino tinto

6 tazas de ensalada verde mixta o espinacas pequeñas

1. Pon las brochetas de madera en un recipiente con agua durante 30 minutos para que no se quemen en la parrilla.

2. Para hacer el adobo, pica el ajo en trozos gruesos en una tabla para cortar. Espolvorea con la sal y tritura el ajo con el costado del cuchillo hasta hacer una pasta. Pasa la pasta de ajo a un recipiente mediano. Añade el comino, el pimentón, el orégano y la pimienta, y mezcla. Agrega el jugo de toronja, el jugo de limón y el aceite. Sazona con pimienta.

3. Escurre las brochetas remojadas. Ensarta los camarones en las brochetas y repite con el mango en brochetas separadas. Ponlas en una fuente para hornear de vidrio o cerámica de 9×13 pulgadas. Vierte aproximadamente 1/3 del adobo sobre los pinchos. Cubre y refrigera el adobo restante para aderezar la ensalada. Cubre la fuente para hornear con papel plástico y refrigera por no más de 30 minutos, volteando las brochetas de vez en cuando.

4. Para preparar la salsa, frota el maíz con 2 cucharadas de aceite y sazona con sal y pimienta. Precalienta una parrilla al aire libre o una sartén para asar a fuego medio-alto (o precalienta un asador). Coloca el maíz directamente en la parrilla (o en el asador) y cocina hasta que los granos estén ligeramente carbonizados por todos los lados, dándoles vuelta cada par de minutos.

Retira del fuego. Coloca cada mazorca en posición vertical, apoyándola en su extremo más ancho, y con un cuchillo afilado corta cuidadosamente los granos. Pon los granos en un recipiente grande. Añade el aguacate, la cebolla, el pimiento rojo, el jalapeño, el cilantro, el jugo de limón y el vinagre. Sazona con sal y pimienta.

5. Asa a la parrilla (o en el asador) los camarones por unos 2 a 3 minutos, volteándolos una vez, hasta que estén cocidos y ligeramente carbonizados por ambos lados. Asa los mangos por alrededor de 1 minuto por cada lado hasta que aparezcan marcas de la parrilla.

6. Divide la ensalada verde de manera uniforme entre 4 platos. Rocía el adobo restante sobre ellos. Encima de cada porción añade en cantidades iguales las brochetas de camarones y de mango y un par de cucharadas de la salsa de maíz asado y aguacate. Espolvorea con el cilantro y sirve con la salsa restante a un lado.

CHICA TIP

! Si usas brochetas de bambú, remójalas también en agua en un plato poco profundo durante 30 minutos antes de pinchar la comida en ellos.

ensalada de verduras rostizadas, en copas de aguacate

Cuando las verduras se cubren ligeramente con un poco de aceite de oliva y después se hornean, se ponen dulces, crujientes en el exterior, tiernas en el interior y caramelizadas. Una vez que pruebes este método, te prometo que ni siquiera se te ocurrirá cocinarlas de otra manera. Lo mejor de todo es que las verduras se pueden servir calientes o a temperatura ambiente. Para darle un colorido toque latino y una presentación irresistible, apilo los vegetales sobre mitades de aguacate.

RINDE 6 PORCIONES

4 zanahorias medianas, cortadas en rodajas o medias rodajas de ½ pulgada

1 calabacín italiano verde mediano, cortado en rodajas de ½ pulgada

1 calabacín amarillo mediano, cortada en rodajas de ½ pulgada

1 pimiento rojo mediano, sin corazón, sin semillas, sin nervaduras y cortado en trozos de ½ pulgada

3 cucharadas de aceite de oliva

sal kosher

1 mazorca de maíz, sin hojas

3 cucharadas de jugo fresco de limón

2 cucharadas de perejil de hoja plana fresco, picado

2 cucharadas de eneldo fresco, picado

2 cucharadas de cebollino fresco, picado

3 aguacates Hass

pimienta negra recién molida

3 a 4 tazas de rúcula o ensalada mixta (opcional)

ralladura fresca de 1 limón

1. Precalienta el horno a 350°F.

2. Mezcla las zanahorias y el pimiento en un recipiente grande. Añade 2 cucharadas de aceite y mezcla bien. Sazona con sal. Distribuye las verduras uniformemente sobre una bandeja grande para hornear con borde. Hornea por unos 15 minutos, revolviendo ocasionalmente, hasta que las verduras se ablanden. Pásalas a un recipiente grande y déjalas enfriar.

3. Coloca verticalmente la mazorca del maíz apoyándola sobre su extremo ancho en un plato o en un recipiente poco profundo y amplio. Con un cuchillo pequeño, corta hacia abajo en la unión de la mazorca y los granos para sacar estos últimos. Ve cortando alrededor de la mazorca, hasta que hayas quitado todos los granos. Debes tener aproximadamente 1 ½ taza de granos de maíz.

4. En un recipiente grande, mezcla las verduras asadas frías, el maíz, el de jugo de limón, 1 cucharada restante de aceite de oliva, el perejil, el eneldo y el cebollino. Sazona con sal y pimienta.

5. Lava bien los aguacates. Divide la rúcula, si la utilizas, en seis platos. Pon una mitad de aguacate encima de cada una y echa una cucharada generosa de las verduras dentro del aguacate. Espolvorea con la ralladura de limón y sirve inmediatamente.

ensalada de lechuga romana asada

Los corazones de la lechuga romana asados a la parrilla le dan un ligero sabor a esta clásica ensalada. La clave está en asar las mitades de lechuga hasta que estén un poco quemadas en el exterior. Echa un aderezo de orégano y ajo, y láminas de parmesano encima de las hojas de lechuga recién asadas.

RINDE 6 PORCIONES

aderezo:

2 dientes de ajo

sal

2 cucharadas de vinagre de vino tinto

2 cucharadas de agua

1 cucharada de hojas de orégano fresco, picadas finamente

½ cucharadita de azúcar

¼ de taza de aceite de oliva extra virgen

pimienta negra recién molida

ensalada:

3 lechugas romanas, cortadas por la mitad a lo largo

½ taza de láminas de queso parmesano, laminado de un bloque de queso con un pelador de verduras

1. Haz un fuego medio en una parrilla al aire libre o calienta una sartén para asar a fuego alto.

2. Para hacer el aderezo, pica finamente el ajo en una tabla para picar. Espolvorea con una pizca de sal y luego machaca el ajo en la tabla con el borde del cuchillo para hacer una pasta. Pásalo a un recipiente pequeño. Añade el vinagre, el agua, el orégano y el azúcar y bate para que se mezclen los ingredientes. Poco a poco, aún revolviendo, agrega el aceite. Sazona con sal y pimienta.

3. Si utilizas una parrilla al aire libre, cepilla la parrilla para limpiarla. Con una brocha, unta la lechuga romana con un poco de aderezo por ambos lados. Colócala en la parrilla o en la sartén, con el lado cortado hacia abajo, y déjala asar por unos 2 minutos, volteando una vez, hasta que la lechuga esté abrasada con marcas de la parrilla.

4. Coloca cada mitad de lechuga en un plato. Espolvorea con el queso parmesano y sirve inmediatamente.

ensalada de lechuga y hierbas frescas

Otra manera de evitar el SEA (síndrome de la ensalada aburrida) es añadiendo un montón de hierbas frescas picadas y una pizca de queso fresco desmenuzado a las lechugas. En esta receta uso orégano y eneldo frescos, pero considera otras hierbas, como el perejil, la albahaca, el cebollino, la menta y el perifollo. A pesar de que esta ensalada es fácil de preparar, es compleja en sabor y textura.

RINDE 4 PORCIONES

2 cucharadas de jugo fresco de limón amarillo

¼ de taza de aceite de oliva

sal kosher

pimienta negra recién molida

2 lechugas romanas cortadas transversalmente en tiras finas

½ taza de queso fresco o queso feta bajo en grasa, desmenuzado

¼ de taza de hojas de eneldo fresco, picadas gruesas

¼ de taza de hojas de orégano fresco, picadas gruesas

1. Pon el jugo de limón en un recipiente pequeño. Poco a poco, añade el aceite, batiendo. Sazona con sal y pimienta y bate de nuevo.

2. Mezcla la lechuga, el queso fresco, el eneldo y el orégano en un recipiente grande. Agrega el aderezo de limón y mezcla bien. Sirve inmediatamente.

ensalada de alcachofas, espárragos y berros con vinagreta de comino

Con un poco de ayuda de algunos corazones de alcachofa en conserva guardada en tu despensa, puedes crear esta magnífica ensalada de tonos verdes. Un aderezo fácil de vinagre de sidra de manzana, mostaza de Dijon, comino y aceite de oliva le da un toque ácido a esta estupenda ensalada.

RINDE DE 4 A 6 PORCIONES

vinagreta:

2 cucharadas de vinagre de sidra de manzana

1 cucharadita de comino molido

1 cucharadita de azúcar

½ cucharadita de mostaza de Dijon

¼ de taza de aceite de oliva extra virgen

sal kosher

pimienta negra recién molida

ensalada:

1 atado de espárragos, cortando la parte más dura del tallo

1 taza de perejil de hoja plana, picado grueso

1 tarro de 12 onzas de corazones de alcachofa, escurridos y cortados en mitades a lo largo

1 manojo de berros, cortando los tallos duros

1 tomate mediano, sin corazón y picado

1. Para hacer la vinagreta, mezcla el vinagre, el comino, el azúcar y la mostaza en un recipiente pequeño. Poco a poco añade el aceite, batiendo. Sazona con sal y pimienta

2. Para preparar la ensalada, pon a hervir agua salada en una olla grande a fuego medio-alto. Llena un recipiente grande con agua helada. Echa los espárragos en el agua hirviendo y cocina por alrededor de 3 minutos hasta que estén tiernos. Escurre los espárragos en un colador y luego échalos inmediatamente en el agua helada. Déjalos reposar por 1 minuto. Cuélalos y colócalos en un plato cubierto de toalla de papel para que se sequen. Corta cada espárrago en tres partes.

3. Mezcla los espárragos, el perejil, las alcachofas, los berros y los tomates. Bate la vinagreta para que se mezcle bien. Viértela sobre la ensalada y revuelve suavemente. Sirve inmediatamente.

CHICA TIP

Evito el síndrome de la ensalada aburrida manteniendo mi despensa surtida con corazones de alcachofa en conserva, tarros de pimientos rojos y amarillos y paquetes de tomates secos. Muchos supermercados ahora tienen una sección exclusiva para las aceitunas; compra una gran variedad de ellas. Mézclalas con un poco de ralladura de limón amarillo, una pizca de orégano o tomillo y un poco de aceite de oliva afrutado. Se puede mantener en el refrigerador por meses. ¡Así no habrá ensaladas aburridas en tu mesa!

ensalada de fogata

La llamo ensalada de fogata porque los espárragos escaldados se apoyan unos con otros en un triángulo, como troncos en una fogata al aire libre. Las zanahorias anaranjadas, los espárragos verdes y los frijoles negros crean una hermosa paleta de colores en el plato. Sirve como entrada, seguida de Salmón al vapor con mirin y ajo (página 203) o Pescado entero a la sal (página 215).

RINDE 4 PORCIONES

vinagreta:

¼ de taza de vinagre de jerez

2 cucharadas de aceite de oliva extra virgen

2 cucharadas de orégano fresco, picado muy finamente

1 cucharadita de azúcar

sal kosher

pimienta negra recién molida

ensalada:

16 a 20 espárragos, la parte más dura del tallo cortada

1 libra de habichuelas frescas, cortadas en trozos de 1 pulgada

3 zanahorias grandes, ralladas (aproximadamente 2 tazas)

1 taza de frijoles negros enlatados, enjuagados y escurridos

1. Para hacer la vinagreta mezcla el vinagre, el aceite, el orégano y el azúcar. Sazona con sal y pimienta.

2. Para hacer la ensalada, pon a hervir una olla grande con agua. Llena un recipiente grande con agua helada. Echa los espárragos en el agua hirviendo y cocínalos, dependiendo de su tamaño, de 3 a 5 minutos hasta que estén tiernos. Con unas pinzas, saca los espárragos del agua hirviendo y échalos al agua helada para que no se sigan cociendo. Cuélalos y luego ponlos en una bandeja para hornear cubierta con toalla de papel para que se sequen.

3. Echa las habichuelas en el agua hirviendo y cocínalas de 4 a 7 minutos hasta que estén tiernas. Llena un recipiente grande con agua helada fresca. Escurre las habichuelas con un colador y luego ponlas inmediatamente en el agua helada para detener la cocción. Cuélalas de nuevo y sécalas con toalla de papel.

4. Mezcla las zanahorias, los frijoles negros y las habichuelas en un recipiente. Rocía con la mitad de la vinagreta y revuelve bien.

5. Para cada ensalada, con una cuchara echa ¼ de la mezcla de zanahorias en un montoncito en el centro del plato. Construye una «fogata» apoyando de 4 a 5 espárragos alrededor de la ensalada. Rocía con la vinagreta restante y sirve inmediatamente.

¡Date un gusto!
ensalada de berenjena e hinojo con vinagreta tibia de tocino

Aunque no como tocino muy a menudo, a veces echo de menos su sabor ahumado, ligeramente dulce y, bueno, voy a decirlo: graso. Para complacerme, añado un poco de tocino a esta ensalada de berenjena e hinojo asados para un placer culpable. Disfruta esta receta como plato principal en un almuerzo de fin de semana o como entrada, seguido del Romesco tierra y mar (página 131) o de la Cazuela de pollo y chorizo (página 140).

RINDE 6 PORCIONES

aceite en aerosol para cocinar

1 berenjena (aproximadamente 1 libra), cortada en tiras de ½ pulgada de grosor

1 bulbo de hinojo, sin hojas, sin corazón y cortado en láminas finas

¼ de taza de aceite de oliva, más 2 cucharadas para asar

1 diente de ajo, picado muy finamente

½ cucharadita más ¼ de cucharadita de sal

6 rebanadas de tocino de corte central, cortado en cubitos

1 chalote, picado muy finamente

¼ de taza de vinagre de vino tinto

1 endivia rizada, cortada en trozos pequeños (alrededor de 6 tazas)

½ taza de piñones, tostados (página 10)

2 cucharadas de hojas de menta fresca, picadas

1. Rocía con aceite en aerosol una bandeja grande para hornear. Pon una rejilla para hornear a una 6 pulgadas de la fuente de calor y precalienta el horno.

2. Echa la berenjena, el hinojo, 2 cucharadas de aceite, el ajo y la ½ cucharadita de sal en un recipiente grande y mezcla bien. Extiende la mezcla en una sola capa en la bandeja. Hornea por unos 8 minutos hasta que los vegetales estén tiernos, revolviendo una vez a mitad de la cocción. Traslada la bandeja a una rejilla y deja enfriar las verduras.

3. Mientras tanto, cocina el tocino en una sartén antiadherente mediana a fuego medio-alto por unos 6 minutos, revolviendo ocasionalmente, hasta que esté crujiente. Con unas pinzas, pasa el tocino a un plato cubierto con toalla de papel para absorber el exceso de aceite. Vierte toda la grasa, excepto 3 cucharadas, en la sartén y vuelve a poner a fuego medio. Añade el chalote y cocina por unos 2 minutos, revolviendo ocasionalmente, hasta que esté tierno. Retira la sartén del fuego. Agrega el vinagre, el restante ¼ de taza de aceite y ¼ de cucharadita de sal y calienta hasta que hierva. Retira del fuego y deja enfriar un poco.

4. Mezcla la endivia rizada, los piñones y la menta en un recipiente grande. Rocía con la mitad del aderezo caliente y revuelve para mezclar bien. Coloca la mezcla de endivia rizada en una bandeja. Encima échale la mezcla de berenjena. Espolvorea con el tocino y rocía con el aderezo restante. Sirve caliente.

opción verde: ensaladas

pollo asado al pimentón ahumado

pollo y pavo de mil y una maneras

El pollo es muy versátil y una fuente de proteínas tan grande, que no es de extrañar que los estadounidenses consuman más carne de pollo al año que de cualquier otra carne. Pero como es tan popular, a lo largo de los años los productores de pollo han combinado la alimentación de las aves con hormonas y antibióticos para hacerlas crecer más grandes y con mayor rapidez, lo cual no es bueno para nosotros. Recomiendo comprar y cocinar pollo orgánico. Su sabor es más rico y es mejor para tu salud. Sí, los pollos orgánicos pueden costar más, pero comer alimentos más limpios nos mantiene sanos y nos ahorra dinero al reducir nuestros futuros gastos médicos. Compro pollos orgánicos siempre que es posible.

Preparo pollo con tanta frecuencia que todo el tiempo estoy buscando maneras de innovar y darle diferentes toques latinos. Este capítulo está lleno de grandes recetas saludables de pollo, inspiradas en los sabores de América Latina y España. También he incluido unas cuantas recetas de pavo al final del capítulo para mantener la cena interesante.

pollo desmenuzado de delia

Delia León es mi querida amiga, así como la productora y vicepresidenta de mi compañía. La madre de Delia (quien también se llama Delia), vive en Ocala, Florida, y a menudo hace lotes de este reconfortante plato de pollo que congela en bolsas de plástico. Luego mete las bolsas en una hielera y le pide a cualquier persona que venga a Miami que nos lo traiga. Cuando le pregunté por la receta, me sorprendió lo rápido y fácil de hacer: estaba segura de que tomaría horas para que el pollo se ablandara y fuera fácil de desmenuzar. Sirve el pollo con una papa dulce al horno o arroz integral cocido al vapor.

RINDE DE 4 A 6 PORCIONES

- 1 libra de pechugas de pollo deshuesadas, sin piel, cortadas en mitades, eliminando el exceso de grasa, enjuagadas
- 3 tazas de agua
- ¾ de cucharadita de Adobo Delicioso (página 8)
- 1 cucharada de aceite de oliva
- 1 cebolla amarilla pequeña, picada
- 2 dientes de ajo, picados muy finamente
- 4 cebolletas —las partes blancas y las verde claro— picadas
- 1 tomate mediano, sin corazón, sin semillas y cortado en cubos
- ¼ de taza de cilantro fresco, picado, y más para servir
- ½ cucharadita de orégano seco
- ¼ de cucharadita de comino molido
- ⅛ de cucharadita de azúcar
- sal kosher
- pimienta negra recién molida

1. Pon el pollo, el agua, el Adobo Delicioso y ½ cucharadita de sal a hervir en una olla mediana a fuego alto. Cocina a fuego lento durante unos 15 minutos hasta que el pollo esté cocido, lo que puedes comprobar al pincharlo en la parte más gruesa con la punta de un cuchillo. Pasa el pollo a una tabla para cortar. Cuela el líquido de cocción en un recipiente resistente al calor y reserva. Deja que el pollo se enfríe. Usando dos tenedores, desmenuza el pollo en trozos del tamaño de un bocado.

2. Calienta el aceite en una sartén grande a fuego medio-alto. Agrega la cebolla y el ajo y cocina por unos 2 minutos, revolviendo frecuentemente, hasta que estén suaves y fragantes pero no dorados. Baja el fuego a medio y añade las cebolletas, el tomate, el cilantro, el orégano, el comino y el azúcar. Agrega ¾ de taza del líquido de cocción reservado. Calienta hasta hervir, disminuye el fuego a medio-bajo y hierve por unos 10 minutos hasta que el líquido se haya reducido un poco. Añade el pollo desmenuzado con otros ¾ de taza de caldo y sazona con sal y pimienta. Cocina a fuego lento por unos 5 minutos más hasta que se caliente. Espolvorea con el cilantro y sirve caliente.

pollo y pavo de mil y una maneras

enchiladas suizas

Las enchiladas al estilo suizo muestran cómo las influencias culinarias pueden viajar grandes distancias y llegar a ser parte de la cocina de otro país. Se cree que cuando inmigrantes suizos llegaron a México, establecieron granjas lecheras e introdujeron salsas a base de leche y crema a la comida local. Esos platos se describen como suizos, siendo el más popular las enchiladas suizas. Mi versión tiene los mismos audaces sabores, con menos calorías y grasa.

RINDE DE 4 A 6 PORCIONES

- 1 libra de pechugas de pollo deshuesadas, sin piel, cortadas en mitades, eliminando el exceso de grasa, enjuagadas
- 3 tazas de agua
- 3 dientes de ajo pelados y machacados con un cuchillo
- 1 cucharadita de Adobo Delicioso (página 8)
- 6 tomates medianos (unas 12 onzas), pelados, enjuagados y cortados en cuartos
- ½ cebolla amarilla mediana, picada en trozos grandes
- ¼ de taza de hojas de cilantro envasado, y más para decorar
- 2 chiles jalapeños, sin semillas y picados en trozos grandes
- ½ taza de crema agria descremada
- 2 cucharadas de queso parmesano recién rallado
- 8 tortillas de maíz
- aceite en aerosol para cocinar
- 1 taza (4 onzas) de queso mozzarella de leche descremada (2%), rallado

1. Echa el pollo, el agua, 2 dientes de ajo y el Adobo Delicioso en una olla mediana y calienta hasta que hierva a fuego alto. Reduce el fuego a bajo y tapa. Cocina a fuego lento por unos 15 minutos hasta que el pollo esté bien cocido. Pasa el pollo a una tabla para cortar. Cuela el líquido de cocción en un recipiente resistente al calor y reserva. Deja que el pollo se enfríe. Usando dos tenedores, desmenuza el pollo en trozos del tamaño de un bocado.

2. Haz un puré con los tomates, la cebolla, el cilantro, el jalapeño y el ajo restante con ¼ de taza del líquido de cocción reservado. Pasa la mezcla a una olla mediana. Calienta a fuego alto hasta que hierva. Reduce el fuego a bajo y cocina a fuego lento por unos 10 minutos, revolviendo, hasta que espese un poco. Retira del fuego. Añade la crema agria y el queso parmesano.

3. Envuelve las tortillas en toalla de papel humedecida. Métela en el microondas en potencia alta (100%) por unos 15 segundos hasta que las tortillas estén flexibles.

4. Coloca la rejilla del horno a 6 pulgadas de la fuente de calor y precalienta. Rocía con aceite en aerosol una fuente para hornear resistente al fuego de 9x13 pulgadas. Sumerge cada tortilla en la salsa. Pásala a un plato. Coloca aproximadamente 2 cucharadas de pollo en la enchilada y enróllala. Colócala, con la abertura hacia abajo, en la fuente para hornear. Vierte la salsa restante sobre las enchiladas y espolvorea con el queso mozzarella.

5. Hornea por alrededor de 1 minuto hasta que el queso se derrita. Espolvorea con el cilantro y sirve inmediatamente.

pollo y pavo de mil y una maneras

ensalada de fajita de pollo con vinagreta cítrica de jalapeño

Tan simple, pero tan buena, una refrescante ensalada con trozos de pollo, verduras y vinagreta de cítricos con un toque latino. Cuando el termómetro sube en verano, haz esta receta con restos de pollo.

vinagreta:

¼ de taza de jugo de naranja

1 cucharada de jugo fresco de limón

2 cucharaditas de hojas de menta fresca, picadas

1 cucharadita de aceite de oliva

1 cucharadita de miel

½ chile jalapeño, sin semillas y picado

¼ de cucharadita de sal kosher

ensalada:

4 mitades de pechuga de pollo deshuesada, sin piel, eliminando el exceso de grasa, enjuagadas y secadas

1 cucharadita de Adobo Delicioso (página 8)

1 cucharadita de aceite de oliva

6 tazas de ensalada mixta de hojas verdes pequeñas

1 pimiento rojo mediano, sin centro, sin semillas, sin nervaduras y cortado en rodajas finas

1 pimiento amarillo mediano, sin centro, sin semillas, sin nervaduras y cortado en rodajas finas

1 tomate, sin centro, sin semillas y cortado en cubos

1 aguacate Hass maduro, sin semilla, pelado y cortado en cubos

1. Para hacer la vinagreta, mezcla el jugo de naranja, el jugo de limón, la menta, el aceite, la miel, el jalapeño y la sal en un recipiente pequeño.

2. Sazona el pollo por ambos lados con el Adobo Delicioso. Calienta la cucharadita restante de aceite en una sartén antiadherente grande a fuego medio-alto. Echa el pollo en la sartén y cocina por unos 12 minutos, dando vuelta a mitad de la cocción, hasta que esté ligeramente dorado y cocido, lo que puedes comprobar al pincharlo con la punta de un cuchillo en la parte más gruesa. Pasa el pollo a una tabla para cortar. Deja reposar por 5 minutos. Corta transversalmente en tiras de ½ pulgada de grosor.

3. Mezcla la ensalada verde y los pimientos en una fuente para servir grande. Encima echa las tiras de pollo, el tomate y el aguacate. Rocía con la vinagreta, revuelve suavemente y sirve de inmediato.

pollo al pipián en pocillos de calabaza bellota

El pipián es una salsa mexicana que es como el mole y se vierte sobre el pollo desmenuzado o las enchiladas. Las semillas de calabaza tostadas y molidas le dan al pipián su color verde brillante. Me encanta ver las miradas de alegría en los rostros de mis invitados cuando lo sirvo en mitades de calabaza bellota cocinada.

RINDE 6 PORCIONES

calabaza:

aceite en aerosol para cocinar

3 calabazas bellota, en mitades, sin semillas y con un corte de ¼ de pulgada en el lado de la cáscara para evitar que la calabaza ruede.

pollo:

12 muslos de pollo deshuesados, sin piel, eliminando el exceso de grasa

1 litro de agua

1 cebolla amarilla grande, cortada por la mitad

½ taza de cilantro fresco envasado, y más para servir

6 dientes de ajo pelados y machacados

2 cucharaditas de sal kosher

¼ de cucharadita de comino molido

2 hojas de laurel

2 tazas de semillas de calabaza (pepitas)

6 granos de pimienta negra

¼ de taza de aceite de oliva

1½ taza de salsa verde suave comprada en la tienda

1. Para preparar las calabazas, precalienta el horno a 400°F. Rocía con aceite en aerosol una bandeja grande para hornear. Coloca las calabazas, con el lado cortado hacia abajo, sobre la bandeja. Hornea por unos 40 minutos, dando vuelta una vez a mitad de la cocción, hasta que estén tiernas, lo que puedes comprobar al pincharlas con la punta de un cuchillo afilado. Sácalas del horno y envuélvelas con papel aluminio para mantener el calor.

pollo y pavo de mil y una maneras

2. Mientras tanto, para preparar el pollo, ponlo a hervir en una olla grande a fuego alto con el agua, la cebolla, el cilantro, el ajo, la sal, el comino y las hojas de laurel. Reduce el fuego a medio-bajo y hierve, sin tapar, por unos 15 a 20 minutos, volteando el pollo ocasionalmente, hasta que la carne esté cocida, lo que puedes comprobar al pincharla con la punta de un cuchillo. Pasa el pollo a una tabla para cortar y déjalo enfriar. Reserva 1 ½ taza del líquido de cocción. Desecha el líquido de cocción restante y los sólidos. Cuando el pollo esté suficientemente frío, desmenúzalo finamente, usando dos tenedores para tirar de la carne. Pásalo a un recipiente grande y déjalo a un lado.

3. Extiende las semillas de calabaza y los granos de pimienta en una sola capa en una sartén grande y pesada. Cocina a fuego medio por unos 3 minutos, moviendo la sartén con frecuencia, hasta que las semillas estén tostadas, fragantes y ligeramente hinchadas. Pásalas a un plato y déjalas enfriar. Echa las semillas de calabaza y los granos de pimienta en un procesador de alimentos y muele usando el botón de pulso. Reserva 2 cucharadas de la mezcla para decorar después.

4. Calienta el aceite en una sartén antiadherente grande a fuego medio-alto. Añade la mezcla de semillas de calabaza y cocina por unos 5 minutos, revolviendo frecuentemente, hasta que la mezcla empiece a dorarse. Revolviendo, agrega lentamente el líquido de cocción reservado y la salsa y calienta hasta que hierva. Reduce el fuego a medio-bajo y hierve por aproximadamente 5 minutos, sin tapar, revolviendo ocasionalmente, hasta que la salsa empiece a espesar. Añade el pollo desmenuzado y cocina por unos 2 minutos más hasta que esté caliente. Para cada porción, coloca una mitad de calabaza en un plato. Vierte la mezcla de pollo en cada mitad de calabaza y espolvorea con el cilantro y la mezcla de semillas de calabaza reservada. Sirve caliente.

CHICA TIP

Cualquier calabaza pequeña de invierno se puede utilizar en lugar de la calabaza bellota.

ensalada de pollo adobado asado en cestas de tortilla

En vez de freír las tortillas, recubro latas recicladas con tortillas de harina integral y las horneo para hacer unas cestas resistentes. Relleno los tazones comestibles con hojas verdes y encima echo frijoles pintos calientes cubiertos con una espesa salsa de chipotle y tomate. Sobre eso pongo tiras de pollo a la parrilla aderezadas con adobo, seguido de una pizca de queso feta. ¡Empieza a guardar esas latas de 15 onzas vacías!

RINDE 4 PORCIONES

4 pechugas de pollo deshuesadas, eliminando el exceso de grasa, enjuagadas y secadas

1 cucharada de Adobo Delicioso (página 8)

aceite de canola en aerosol

ensalada:

4 tortillas de trigo integral o multigrano de 10 pulgadas

2 cucharadas de aceite de oliva, y un poco más para rociar

½ cebolla amarilla mediana, picada

4 dientes de ajo, picados muy finamente

sal kosher

pimienta negra recién molida

3 tomates medianos, sin centro, sin semillas y picados

½ taza de agua

2 chiles chipotles en adobo, picados, más 2 cucharadas de la salsa de adobo

1 lata de 15 onzas de frijoles pintos, enjuagados y escurridos

5 tazas de hojas de espinaca pequeñas o ensalada de hojas verdes mixtas

½ taza (2 onzas) de feta bajo en grasa, desmenuzado

¼ de taza de cilantro fresco, picado

Cuñas de limón, para servir

1. Sazona las pechugas de pollo con el Adobo Delicioso. Rocía una sartén acanalada para asar con el aceite en aerosol y calienta a fuego medio. Echa el pollo y cocina por unos 12 minutos, dando vuelta a mitad de la cocción, hasta que esté ligeramente dorado y cocido, lo que puedes comprobar al pincharlo con la punta de un cuchillo en la parte más gruesa. Pasa el pollo a una tabla para cortar. Deja reposar hasta que se enfríe. Corta transversalmente en tiras de ½ pulgada de grosor.

2. Para preparar las cestas, precalienta el horno a 400°F. Coloca un plato pequeño con agua al lado de la superficie donde estás trabajando. Para hacer los pocillos de tortilla, coloca cuatro latas vacías de 15 onzas, con el extremo abierto hacia abajo, sobre una bandeja para hornear. Usando una brocha de pastelería, unta un poco de agua por ambos lados de las tortillas para suavizarlas y luego úntalas con 1 cucharada de aceite. Coloca las tortillas sobre las latas y hornéalas entre 5 y 7 minutos hasta que estén firmes. Con unas pinzas, da vuelta a los pocillos de tortilla y colócalos boca arriba, desecha las latas y continúa horneando los pocillos por otros 4 minutos hasta que estén dorados y crujientes.

3. Calienta la cucharada restante de aceite en una sartén grande a fuego medio. Echa la cebolla

y cocina por unos 4 minutos, revolviendo ocasionalmente, hasta que esté suave y translúcida.
Agrega el ajo y cocínalo por aproximadamente
1 minuto hasta que esté fragante. Sazona con sal
y pimienta. Añade los tomates, el agua y los chipotles en adobo. Calienta hasta que hierva y cocina por aproximadamente 5 minutos,
revolviendo ocasionalmente, hasta que espese.
Agrega los frijoles y cocina por unos 3 minutos
más hasta que esté caliente. Retira del fuego.

4. Coloca los pocillos de tortilla en los platos y
rellena cada uno con un puñado de hojas verdes.
Divide la mezcla de frijoles equitativamente entre
los pocillos de tortilla y cubre con un poco de
queso feta. Coloca el pollo cortado encima y decora con el cilantro picado. Rocía con un poco de
aceite y sirve con las cuñas de limón.

mole poblano veloz de pollo

Hacer el tradicional, auténtico mole toma mucho tiempo y requiere de un intenso trabajo; un montón de especias y chiles son asados, molidos a mano y luego cocidos lentamente con agua hasta formar una pasta espesa. Mi rápido y fácil mole al estilo Puebla se hace con menos ingredientes y se muele en una licuadora. Una vez que la salsa está hecha, desmenuzo un pollo asado comprado en una tienda y lo añado a la salsa. El mole se mantiene indefinidamente en el refrigerador, así que puedes pasar a comprar un pollo cocinado en tu camino a casa y tener la cena lista en poco tiempo.

RINDE DE 4 A 6 PORCIONES

2 cucharadas de aceite de oliva

1 cebolla amarilla mediana, picada

3 dientes de ajo, picados muy finamente

1 lata de 15 onzas de tomates picados, con su jugo

1 taza de pasas negras

1 chile chipotle con 1 cucharadita de salsa de adobo (o más, al gusto), picado

2 tazas de caldo de pollo bajo en sodio

3 cucharadas de mantequilla de maní suave

2 cucharaditas de chile en polvo

½ cucharadita de canela en polvo

sal kosher

pimienta negra recién molida

1½ onza de chocolate sin azúcar, picado, o 2 cucharadas de cacao en polvo sin azúcar

1 pollo asado comprado en la tienda, desmenuzado, sin piel ni huesos

¼ taza de maní, picado, para decorar

1 cucharadita de semillas de sésamo, para decorar

ralladura de 1 naranja, para decorar

1 aguacate Hass maduro, pelado, sin semilla y cortado en rebanadas, para servir

cilantro fresco, para servir

cuñas de limón, para servir

4 tortillas de trigo integral o multigrano de 8 pulgadas, tibias, para servir

1. Calienta el aceite en una olla grande a fuego medio. Echa la cebolla y el ajo y cocina por aproximadamente 5 minutos, revolviendo ocasionalmente, hasta que estén suaves. Añade los tomates, las pasas y el chipotle con adobo y revuelve para que se mezclen los ingredientes. Calienta hasta que hierva, reduce el fuego a medio-bajo y cocina por unos 10 minutos.

2. Con cuidado, vierte la mezcla en una licuadora. Añade el caldo, la mantequilla de maní, el chile en polvo y la canela. Haz un puré con la mezcla hasta que quede suave. Sazona con sal y pimienta.

3. Regresa la mezcla a la olla y calienta a fuego medio hasta que hierva. Cocina por unos 15 minutos, revolviendo ocasionalmente, hasta que espese un poco. Añade el chocolate y revuelve hasta que se derrita. (El mole puede hacerse hasta este punto y se puede refrigerar. Recalienta antes de usar). Agrega el pollo desmenuzado y calienta.

4. Pasa el mole a una fuente, para servir, y espolvorea con el maní, las semillas de sésamo y la ralladura de naranja. Sirve con un bol de aguacate, cilantro, cuñas de limón y tortillas para que cada huésped lo pueda agregar a su porción.

brochetas de pollo y piña con glaseado de maracuyá

Enciende la parrilla para hacer unas brochetas de pollo marinado, cebolla roja, pimiento y piña, densamente glaseadas con una salsa agridulce de maracuyá. La Ensalada de lechuga romana asada (página 107) es el acompañamiento perfecto.

(página 107)

RINDE 6 PORCIONES

pollo:

½ taza de aceite de oliva

4 ramitas de romero de 3 pulgadas

5 ramitas de orégano de 3 pulgadas

4 dientes de ajo pelados y machacados

sal kosher

pimienta negra recién molida

2 libras de pechugas de pollo deshuesadas, cortadas en 24 pedazos de 2 pulgadas

glaseado de maracuyá:

½ taza de néctar de maracuyá

2 cucharadas de kétchup

1 cucharada de jugo fresco de limón

1 cucharada de salsa de soya

1½ cucharadita de miel

sal kosher

pimienta negra recién molida

brochetas:

1 pimiento rojo grande, sin centro, sin semillas, sin nervaduras y cortado en 24 trozos de 1 pulgada

1 cebolla roja mediana, cortada en 24 pedazos de 1 pulgada

aproximadamente 2/3 de piña pelada, sin centro, cortada en 24 pedazos de 1 pulgada (guarda la piña restante para otro uso)

1 lechuga mantecosa o francesa, las hojas separadas en tazas

1. Para preparar el pollo, mezcla el aceite de oliva, el romero, el orégano y el ajo en un reci-piente grande y sazona con sal y pimienta. Añade el pollo y dale vueltas para cubrirlo con la mezcla. Cubre el recipiente y refrigera durante al menos 4 horas o durante la noche, dando vuelta al pollo ocasionalmente.

2. Para preparar el glaseado, en una licuadora haz un puré con el néctar de maracuyá, el *ketchup*, el jugo de limón, la salsa de soya y la miel hasta que esté suave. Sazona con sal y pimienta. Mezcla hasta que esté bien combinada. Vierte la mezcla en un recipiente pequeño.

3. Precalienta una sartén acanalada para asar a fuego alto. Retira el pollo del adobo, desechando la marinada. Alternadamente pincha 3 pedazos de pimiento, 3 pedazos de cebolla, 3 trozos de piña y 4 trozos de pollo en una brocheta. Colócala en una bandeja y repite el proceso con el resto de los ingredientes y las brochetas.

4. Unta las brochetas uniformemente con la mitad del glaseado de maracuyá (unas 6 cucharadas). Pon las brochetas en la sartén caliente y cocina durante 4 o 5 minutos. Gira las brochetas y úntalas con más glaseado. Cocina durante 4 o 5 minutos más. (Puede que tengas que hacer esto por tandas si tu sartén no es lo suficientemente grande para contener todas las brochetas a la vez).

5. Coloca las brochetas en una cama de las hojas de lechuga. Unta con más glaseado de maracuyá y sirve la salsa restante a un lado.

romesco tierra y mar

Pollo y camarones se unen en este suculento plato inspirado en la región de Cataluña, España. Romesco es una salsa a base de nueces, hecha de almendras tostadas, ajo, azafrán, perejil, pimentón ahumado en polvo y aceite de oliva. Todos los ingredientes se muelen juntos con un mortero para dar una textura rústica a la salsa. Para ahorrar tiempo, uso una procesadora de alimentos.

RINDE 4 PORCIONES

- 1 libra de mitades de pechuga de pollo deshuesadas, sin piel, eliminando el exceso de grasa, enjuagadas y secadas
- 1 cucharadita de canela en polvo
- 1 cucharadita de sal kosher
- 1 cucharadita de pimienta negra recién molida
- 3 cucharadas de aceite de oliva
- 16 camarones grandes, pelados y desvenados (alrededor de ¾ de libra)
- 1 cebolla amarilla mediana, cortada en cubos
- 3 dientes de ajo, picados muy finamente
- 4 tomates medianos, sin centro, sin semillas y cortados en cubos
- 1 taza de vino blanco seco, como el sauvignon blanc
- 1 taza de caldo de pollo bajo en sodio
- ½ taza de almendras laminadas, tostadas (página 10)
- 1 rebanada de pan blanco firme para sándwich, tostada y cortada en cubos
- 1 cucharadita de pimentón ahumado en polvo
- ¼ de cucharadita de hilos de azafrán
- 1 hoja de laurel seco
- 2 cucharadas de hojas de perejil de hoja plana fresco, picado

1. Corta el pollo en trozos de 1 ½ pulgada. Espolvorea y mezcla con la canela, ½ cucharadita de sal y ½ cucharadita de pimienta. Calienta 2 cucharadas de aceite en una olla de hierro a fuego medio-alto. Agrega el pollo y cocina de 6 a 8 minutos, revolviendo ocasionalmente, hasta que esté dorado. Con una cuchara calada, pasa el pollo a un recipiente grande.

2. Agrega los camarones a la olla y cocina a fuego medio-alto por unos 2 minutos, revolviendo ocasionalmente, hasta que los camarones se cuezan. Agrega los camarones al recipiente con el pollo.

3. Calienta la cucharada de aceite restante en la olla a fuego medio-alto. Añade la cebolla y el ajo y cocina por aproximadamente 5 minutos, revolviendo ocasionalmente, hasta que la cebolla esté tierna. Agrega los tomates y cocina por otros 5 minutos, revolviendo ocasionalmente, hasta que estén suaves. Añade el vino, el caldo, las almendras, los cubos de pan, el pimentón, el azafrán, el laurel y la ½ cucharadita restante de sal y la ½ cucharadita de pimienta. Calienta hasta que hierva. Reduce el fuego y cocina a fuego lento por unos 20 minutos, tapado, hasta que los sabores se mezclen.

4. En tandas, haz puré la mezcla en una licuadora con la tapa entreabierta hasta formar una pasta gruesa. Vuelve a echarla en la olla de hierro. Añade el pollo y los camarones y cocina por aproximadamente 1 minuto hasta que esté caliente. Sazona con sal y pimienta. Espolvorea con el perejil.

pollo y pavo de mil y una maneras

pollo al estilo vasco

Mi bisabuela era de Cataluña y mi bisabuelo era del País Vasco —ambos lugares están en el norte de España— por lo que frecuentemente hubo influencias culinarias de ambas regiones en las comidas en nuestra casa. Los tomates, las cebollas, el pimentón ahumado en polvo y el jamón serrano son los ingredientes característicos de este animado *plat mijoté* (plato cocinado a fuego lento) de la región vasca.

RINDE DE 4 A 6 PORCIONES

2 libras de filetes de pechuga de pollo cortadas en rebanadas finas

sal kosher

pimienta negra recién molida

2 cucharadas de aceite de oliva

1 cebolla blanca mediana, cortada en finas medias lunas

2 pimientos rojos, sin corazón, sin semillas, sin nervaduras y cortados en tiras de ¼ de pulgada

4 dientes de ajo, picados muy finamente

1 cucharadita de tomillo seco

1 lata de 14,5 onzas de tomates triturados

4 onzas (¼ de pulgada de grosor) de jamón serrano, cortado en cubos de ¼ de pulgada

¼ de taza de aceitunas negras del Mediterráneo, deshuesadas y cortadas en rodajas

1 cucharadita de pimentón ahumado en polvo

¼ de cucharadita de pimienta de cayena

1½ cucharadita de jerez seco

½ taza de hojas de perejil de hoja plana fresco, picadas

1. Sazona el pollo con sal y pimienta. Calienta 1 cucharada de aceite de oliva en una sartén grande a fuego medio. En tandas, añade el pollo y cocina por aproximadamente 4 minutos, dando vuelta a mitad de la cocción, hasta que esté ligeramente dorado, pero no cocido completamente. Pásalo a un plato.

2. Añade en la sartén la cucharada restante de aceite de oliva. Agrega la cebolla, el pimiento, el ajo y el tomillo y cocina por unos 3 minutos, revolviendo ocasionalmente, hasta que estén suaves. Añade el tomate triturado, el jamón serrano, las aceitunas, el pimentón y la pimienta de cayena, revuelve bien, raspando cualquier pedacito dorado que quede, y hierve a fuego lento. Regresa el pollo a la sartén. Cocina el pollo por 2 a 3 minutos hasta que esté cocido en el centro, lo que puedes comprobar pinchándolo con la punta de un cuchillo.

3. Agrega el jerez y luego el perejil (excepto 2 cucharadas) y cocina durante 2 minutos para suavizar el sabor del alcohol. Sazona la salsa con sal y pimienta. Espolvorea con el perejil reservado y sirve inmediatamente.

pollo peruano al limón amarillo

El ají amarillo se combina con jugo de limón y cebollas en este plato de pollo maravillosamente aromático que requiere de una breve preparación para ofrecer un gran sabor.

RINDE 6 PORCIONES

4 pechugas de pollo deshuesadas en mitades, sin piel, eliminando el exceso de grasa, enjuagadas y secadas

sal

pimienta negra recién molida

4 cucharadas de aceite de canola

2 libras de cebollas amarillas medianas, partidas por la mitad y cortadas finamente

1 cucharadita de ajo picado muy finamente

3 cucharadas de pasta de ají amarillo o chiles verdes suaves en lata

1 taza de jugo fresco de limón amarillo (de 5 a 6 limones)

1. Sazona el pollo con sal y pimienta. Calienta el aceite en una sartén grande a fuego medio-alto. Agrega el pollo y cocina por unos 4 minutos, dándole vuelta a mitad de la cocción, hasta que esté dorado. Pásalo a un plato.

2. Añade las cebollas y el ajo y reduce el fuego a medio-bajo. Cocina por unos 10 minutos, revolviendo ocasionalmente, hasta que las cebollas estén doradas. Agrega el ají amarillo y sazona con sal y pimienta. Vuelve a poner el pollo en la sartén. Echa algunas cucharadas de las cebollas sobre el pollo, tapa y cocina de 10 a 15 minutos hasta que el pollo esté cocido, lo que puedes comprobar al pincharlo en la parte más gruesa con la punta de un cuchillo. Agrega el jugo de limón amarillo y cocina por otros 5 minutos para que los sabores se mezclen. Sirve inmediatamente.

pollo y pavo de mil y una maneras

tacos de pollo a la piña colada

¡Escapa a los trópicos con los sabores de la piña colada de estos sabrosos tacos de pollo! Las pechugas de pollo marinadas con ron y naranja son salteadas y cortadas en tiras, luego cubiertas con una salsa de piña, pepino y cebolla roja y envueltas en tortillas. La crema de aguacate, un puré de aguacate y crema, y el coco tostado le dan el toque final.

RINDE 4 PORCIONES

salsa:

1 taza de piña fresca (partida en cubos de ½ pulgada), pelada y sin centro

1 taza de pepino (partido en cubos de ½ pulgadas), pelado y sin semillas

¼ de taza de cebolla roja, cortada en rodajas finas

2 cucharadas de perejil de hoja plana fresco, picado

1 cucharada de vinagre balsámico blanco

1 cucharada de aceite de oliva

crema de aguacate:

1 aguacate Hass, pelado, sin semilla y machacado

½ taza de crema agria descremada

1 cucharada de jugo fresco de limón

¼ de cucharadita de sal

¼ de cucharadita de pimienta

1 cucharada de jengibre fresco, pelado y rallado finamente

1 cucharada de hojas de tomillo fresco, picado

1 cucharada de pimienta de Jamaica molida

1 cucharadita de miel

½ cucharadita de comino molido

1 diente de ajo, picado muy finamente

½ cucharadita de sal

4 mitades de pechuga de pollo deshuesado, sin piel, eliminando el exceso de grasa, enjuagadas y secadas

2 cucharaditas de aceite de canola

2 cucharadas de ron oscuro

8 tortillas de trigo integral de 6 pulgadas, tibias

1. Para hacer la salsa, revuelve los ingredientes en un recipiente de vidrio o cerámica. Tapa y deja reposar durante 1 hora para mezclar los sabores.

2. Para hacer la crema, en un recipiente mezcla el aguacate, la crema agria, el jugo de limón, la sal y la pimienta y revuelve. Cubre con papel plástico y refrigera hasta que esté listo para servir.

3. Revuelve el jengibre, el tomillo, la pimienta de Jamaica, la miel, el comino, el ajo y la sal en un recipiente pequeño hasta que estén bien mezclados. Unta ambos lados del pollo con la mezcla.

4. Calienta el aceite en una sartén antiadherente grande a fuego medio-alto. Echa el pollo y cocina por unos 6 minutos, revolviendo ocasionalmente, hasta que esté dorado y cocido. Pasa el pollo a un plato. Reduce el fuego a bajo. Añade el ron a la sartén y cocina, raspando los pedacitos dorados con una cuchara de madera, hasta que hierva. Vuelve a poner el pollo en la sartén, volteándolo para cubrir ambos lados con la grasa restante. Pásalo a un plato y déjalo enfriar un poco. Cuando se haya enfriado lo suficiente como para manipularlo, usa dos tenedores para desmenuzar el pollo en tiras del tamaño de un bocado.

5. Para servir, con una cuchara echa ¼ de la mezcla de pollo sobre cada tortilla caliente. Cúbrelo con ¼ de la salsa y ¼ de la crema.

pollo al tequila con salsa de barbacoa al chipotle

La salsa de barbacoa casera, sin el azucarado almíbar de maíz y otros ingredientes poco saludables que se encuentran en las marcas comerciales, es muy fácil de hacer. Y se mantiene bien en un tarro en el refrigerador durante dos semanas. Mi salsa saca su dulzura de las ciruelas secas. Los chipotles en adobo le dan algo de picante y un sabor ahumado de fondo. ¡Todo el mundo se chupará los dedos!

pollo:

8 muslos de pollo deshuesados y sin piel, eliminando el exceso de grasa

1 cucharada de tequila

1 cucharadita de sal kosher

1 cucharadita de vinagre de sidra de manzana

½ cucharadita de Adobo Delicioso (página 8)

¼ de cucharadita de pimienta negra recién molida

salsa de barbacoa:

2 cucharaditas de aceite de canola

½ cebolla amarilla mediana, picada

2 dientes de ajo, picados

1 taza de ciruelas secas deshuesadas

1 taza de salsa de tomate

½ taza generosa de azúcar moreno

1 cucharada de vinagre de sidra de manzana

1 cucharada de mostaza de Dijon

1 cucharada de salsa de soya

2 chipotles en adobo, picados

¼ de taza de agua

½ cucharadita de sal kosher

¼ de cucharadita de pimienta negra recién molida

1½ cucharada de aceite de canola

cilantro fresco picado, para decorar

1. Para preparar el pollo, mézclalo con el tequila, la sal, el vinagre, el Adobo Delicioso y la pimienta en una bolsa plástica grande con cierre. Cierra la bolsa y refrigera por 1 hora.

2. Mientras tanto, para hacer la salsa de barbacoa, calienta el aceite de canola en una olla mediana a fuego medio. Agrega la cebolla y cocina alrededor de 3 minutos, revolviendo ocasionalmente, hasta que las cebollas estén transparentes. Añade el ajo, revolviendo. Agrega las ciruelas secas, la salsa de tomate, el azúcar moreno, el vinagre, la mostaza, la salsa de soya y los chipotles y calienta hasta que hierva. Reduce el fuego a medio-bajo y hierve por aproximadamente 5 minutos hasta que las ciruelas secas se ablanden. Deja enfriar un poco. Haz puré la mezcla en la licuadora con la tapa entreabierta. Regrésala a la olla y agrega el agua, la sal y la pimienta.

3. Precalienta el horno a 400°F.

4. Calienta a fuego medio-alto el aceite en una sartén grande para horno. Agrega el pollo y cocina por unos 6 minutos, dándole vuelta a mitad de la cocción, hasta que esté dorado por ambos lados. Vierte la mitad de la salsa de barbacoa sobre el pollo y cubre la sartén con papel aluminio. Hornea por unos 20 a 25 minutos hasta que el pollo esté cocido, lo que puedes comprobar al pincharlo en la parte más gruesa con la punta de un cuchillo.

5. Pásalo a un plato y espolvorea con el cilantro picado. Sirve caliente con la salsa restante a un lado.

fideos indo-latinos

Cuando era niña, mi familia y yo vivimos durante un tiempo en Holanda, donde conocimos los alimentos de Indonesia, que una vez fue colonia holandesa. Mi mamá, que adaptaba su cocina a donde fuera que viviéramos, combinaba ingredientes indonesios como el jengibre y la leche de coco con un adobo para darle un toque latino.

RINDE 4 PORCIONES

1 libra de pechuga de pollo molida

1 cucharada de jengibre fresco, pelado y rallado finamente

1 cucharada de Adobo Delicioso (página 8)

ralladura fresca de ½ limón amarillo

1 cucharada de aceite de maní

8 onzas linguini o espaguetis de harina integral

2 cebolletas —las partes blancas y las verde claro— cortadas finamente en rebanadas diagonales (¼ de taza, más 2 cucharadas)

3 dientes de ajo, cortado en rodajas finas

1 jalapeño, cortado en rodajas finas

1 cucharadita de comino molido

1 taza de leche de coco enlatada, sin azúcar

½ taza de caldo de pollo bajo en sodio

½ taza de cilantro fresco empaquetado, picado

1 cucharada de salsa de soya

sal kosher

pimienta negra recién molida

1. Hierve agua ligeramente salada en una olla grande a fuego alto.

2. Para hacer las albóndigas, mezcla la carne de pollo picada, 1 cucharada de jengibre, el Adobo Delicioso y la ralladura de limón amarillo en un recipiente grande hasta que estén bien combinados. Lávate las manos con agua fría y haz 28 bolas con la masa.

3. Calienta el aceite en una sartén grande y honda a fuego medio-alto. En tandas, agrega las albóndigas y cocina por unos 8 minutos, dando vuelta frecuentemente, hasta que estén doradas. Pasa las albóndigas a un plato. Regresa la sartén con los jugos al fuego medio-alto.

4. Añade ¼ de taza de cebolletas, la cucharada de jengibre restante, el ajo, el jalapeño y el comino a la sartén. Cocina aproximadamente 1 minuto, revolviendo constantemente, hasta que estén fragantes. Agrega, revolviendo, la leche de coco, el caldo, ¼ de taza de cilantro y la salsa de soya, y calienta la mezcla hasta que hierva. Reduce el fuego y hierve a fuego lento por unos 5 minutos, revolviendo frecuentemente, hasta que los sabores se mezclen. Vuelve a poner las albóndigas en la sartén y calienta hasta que hierva. Sazona con sal y pimienta al gusto. Baja el fuego y cocina a fuego lento por alrededor de 5 minutos, sin tapar y revolviendo con frecuencia, hasta que las albóndigas estén cocidas, lo que puedes comprobar al pincharlas con la punta de un cuchillo. Mientras tanto, cuece los linguini de acuerdo con las instrucciones del paquete.

5. Añade los linguini a la sartén, revolviendo para mezclar bien. Pásalo a un plato. Espolvorea con el resto de la cebolleta y el cilantro y sirve.

wraps de pollo y lechuga estilo waldorf con nogada

La nogada, una salsa de nueces picadas y crema, es otro plato espectacular del estado de Puebla, en México, y se sirve tradicionalmente con chiles. Decidí usar nogada en lugar de mayonesa para darle un toque latino a esta receta. El resultado es crujiente, limpio, dulce y sabroso con capas de texturas y sabores saludables, liviano pero abundante.

RINDE 6 PORCIONES

salsa nogada:

1 taza de nueces, tostadas (página 10)

½ taza de crema agria descremada

½ taza de leche descremada (1%)

ensalada:

1 jícama, pelada, rallada en una mandolina o en los agujeros grandes de un rallador, y exprimida para secarla

4 tallos de apio, cortados en tiras finas con una mandolina o un cuchillo

2 cucharadas de jugo fresco de limón

¼ de cucharadita de sal kosher

¼ de cucharadita de pimienta negra recién molida

pollo:

2 libras de tiras de pollo, cortadas en trozos de 1 pulgada

½ cucharadita de sal kosher

¼ de cucharadita de pimienta negra recién molida

1 cucharada de aceite de oliva

1 taza de uvas rojas sin pepas, cortadas a la mitad

1 manzana Red Gala, pelada, sin corazón y cortada en cubos de ½ pulgada

12 hojas de lechuga mantecosa o francesa, enjuagadas y secadas

1. Para hacer la salsa nogada muele las nueces, la crema agria y la leche en un procesador de alimentos utilizando el botón de pulso hasta que quede suave. Pásala a un recipiente pequeño. Cubre con papel plástico y refrigera hasta que esté lista para servir.

2. Para hacer la ensalada, mezcla la jícama, el apio, el jugo de limón, la sal y la pimienta en un recipiente grande. Cubre con papel plástico y refrigera hasta que esté lista para servir.

3. Sazona el pollo con sal y pimienta. Calienta el aceite en una sartén antiadherente grande a fuego medio-alto. Agrega el pollo y cocina por unos 5 minutos, revolviendo ocasionalmente, hasta que esté dorado y cocido, lo que puedes comprobar al pincharlo con la punta de un cuchillo. Añade las uvas y la manzana y cocina por unos 5 minutos, revolviendo ocasionalmente, hasta que recién empiecen a ablandarse un poco.

4. Para servir, divide la mezcla de pollo en partes iguales entre cada hoja de lechuga. Cubre cada porción con la ensalada y una cucharada de salsa. Sirve de inmediato, dejando que cada persona enrolle una hoja de lechuga para comerse el *wrap*.

cazuela de pollo y chorizo

Me encanta este reconfortante y rústico guiso de España. Es perfecto para una cena en una noche tempestuosa acompañado con un poco de pan crujiente y vino de Rioja.

2 libras de muslos de pollo con hueso, sin piel

2 libras de piernas de pollo, sin piel

½ taza de harina para todo uso

2 cucharadas de aceite de oliva, y más, según sea necesario

8 onzas de chorizo ahumado español, cortado en rodajas finas

1 cebolla amarilla mediana, picada

4 zanahorias medianas, cortadas en rodajas de ½ pulgada

4 tallos de apio, cortado en trozos de ½ pulgada de ancho

4 onzas de champiñones blancos, cortados en rodajas

3 dientes de ajo, picados muy finamente

1 cucharada de pasta de tomate

1 lata de 28 onzas de tomates picados, en jugo

1 taza de caldo de pollo bajo en sodio

6 ramitas de tomillo fresco

3 hojas de laurel

¼ de cucharadita de pimienta de cayena

1 lata de 15 onzas de frijoles blancos, enjuagados y escurridos

sal kosher

pimienta negra recién molida

1. Espolvorea los muslos y las piernas de pollo de manera uniforme con la harina y sacude el exceso. Calienta 2 cucharadas de aceite en una olla de hierro grande a fuego medio-alto. En tandas, agrega el pollo y cocina por unos 8 minutos, revolviendo ocasionalmente, hasta que esté dorado. Pasa el pollo a un plato.

2. Agrega el chorizo, la cebolla, la zanahoria, el apio, los champiñones y el ajo. Cocina por unos 4 minutos, revolviendo frecuentemente, hasta que estén tiernos. Añade la pasta de tomate, revolviendo para mezclar y cubrir bien las verduras.

3. Regresa el pollo a la olla. Agrega los tomates y sus jugos, el caldo, el tomillo, las hojas de laurel y la pimienta de cayena. Calienta hasta que hierva. Cubre y reduce el fuego a medio-bajo. Hierve por 20 minutos. Destapa y cocina unos 15 minutos más, revolviendo ocasionalmente, hasta que la salsa se espese y el pollo esté cocido, lo que puedes comprobar al pincharlo en la parte más gruesa con la punta de un cuchillo. Durante los últimos 5 minutos, agrega los frijoles. Sazona con sal y pimienta. Sirve caliente.

pollo asado al pimentón ahumado

Pollo asado. Su piel brillante y crujiente. Su carne jugosa y tierna. Suena tan simple, pero ¿por qué es tan difícil de hacer? He cocinado cientos de pollos, ajustando la temperatura del horno y el tiempo de preparación para lograr el pollo perfecto. En primer lugar, froto alrededor del pollo y por debajo de la piel una pasta de pimentón ahumado en polvo, chile chipotle en polvo, miel y algunos otros ingredientes. Entonces lo aso sobre una cama de verduras aromáticas hasta que se cocine a la perfección.

RINDE DE 4 A 6 PORCIONES

aceite de canola en aerosol

1 cucharada de pimentón ahumado en polvo

1 cucharada de chipotle en polvo

1 cucharada de miel

1 cucharada de jugo fresco de limón amarillo

2 cucharaditas de aceite de oliva

2 dientes de ajo, picados muy finamente

½ cucharadita de sal

1 pollo entero de 4 libras

3 tallos de apio, cortados en trozos de 2 pulgadas

3 zanahorias medianas, cortadas en trozos de 2 pulgadas

2 cebollas blancas grandes, cortada en cuartos

¼ de taza de caldo de pollo bajo en sodio

1. Precalienta el horno a 400°F. Rocía una bandeja para hornear con aceite en aerosol.

2. Mezcla el pimentón, el chipotle, la miel, el jugo de limón, el aceite, el ajo y la sal en un recipiente pequeño hasta hacer una pasta.

3. Seca el pollo con toalla de papel. Afloja suavemente la piel del pecho y las piernas deslizando los dedos debajo de aquella. Frota la pasta uniformemente por encima y por debajo de la piel. Dobla las puntas de las alas detrás de los hombros del pollo y ata las patas con hilo para cocinar.

4. Con el apio y las zanahorias haz una cama para el pollo en el fondo de la bandeja. Coloca el pollo, con las pechugas hacia arriba, encima de las verduras. Añade la cebolla y el caldo. Hornea por aproximadamente 1 hora y 10 minutos hasta que un termómetro de lectura instantánea insertado en el muslo (sin que toque el hueso) registre 165°F. Si el pollo se dora demasiado rápido, cúbrelo con papel aluminio.

5. Pasa el pollo a una tabla para cortar y déjalo reposar durante 10 minutos. Corta el pollo. Si lo deseas quita la piel del pollo antes de comerlo. Sirve el pollo cortado, con las verduras asadas.

pollo y pavo de mil y una maneras

pollo al jerez

El jerez es un vino fortificado, lo que significa que se añade brandy o aguardiente al vino una vez que ha fermentado. Los mejores vinos de Jerez conocidos, que van desde claro y seco a oscuro y dulce, proceden de Andalucía, en el sur de España. Se bebe con tapas o como digestivo después de cenar. El jerez seco le da a este plato de pollo fácil de preparar un delicado sabor a nuez.

RINDE 4 PORCIONES

3 cucharadas de harina para todo uso

½ cucharadita de sal kosher

¼ de cucharadita de pimienta negra recién molida

1 libra de mitades de pechuga de pollo deshuesadas, sin piel, cortadas en trozos de ¾ de pulgada

3 cucharadas de aceite de oliva

3 dientes de ajo, picados muy finamente

⅔ de taza de jerez seco

⅓ de taza de caldo de pollo bajo en sodio

2 cucharadas de aceitunas verdes deshuesadas y picadas

2 cucharadas de alcaparras nonpareil con su salmuera

1½ cucharadita de hojas de tomillo fresco, picado finamente

1 taza de perejil de hoja plana, picado finamente

1 limón amarillo, cortado en cuñas

1. Mezcla la harina, la sal y la pimienta en una bolsa de plástico con cierre. Agrega el pollo y agita bien para cubrirlo con la mezcla de harina. Pásalo a un plato, sacudiendo el exceso de harina.

2. Calienta 2 cucharadas de aceite en una sartén antiadherente grande a fuego medio-alto. Agrega el pollo y cocina por unos 5 minutos, dándole vuelta a mitad de la cocción, hasta que se dore. Vuelve a ponerlo en el plato.

3. Reduce el fuego a medio. Añade la cucharada de aceite restante y el ajo y cocina por aproximadamente 1 minuto, revolviendo frecuentemente, hasta que esté fragante (no dejes que el ajo se queme). Añade el jerez, el caldo, las aceitunas, las alcaparras y el tomillo y calienta hasta que hierva. Regresa el pollo a la sartén y cocina de 3 a 4 minutos a fuego medio, revolviendo frecuentemente, hasta que la salsa comience a espesar y el pollo esté cocido, lo que puedes comprobar al pincharlo en la parte más gruesa con la punta de un cuchillo. Retira del fuego y agrega el perejil. Sirve caliente, con las cuñas de limón amarillo.

pechuga de pavo asada con comino y yogur con salsa de tamarindo

Las pechugas de pavo son un gran ahorro de tiempo, así como también de espacio. A diferencia de los pavos enteros, se cuecen en sólo una hora y no ocupan demasiado lugar en el refrigerador. El pavo puede ser algo seco, por lo que lo masajeo bajo la piel con una mezcla de yogur con especias y rocío la pechuga durante la cocción para mantenerla húmeda. La salsa de tamarindo, cebolla y jengibre es una gran alternativa a la habitual salsa de arándano.

RINDE 6 PORCIONES

pavo:

aceite en aerosol

½ taza de yogur griego natural descremado

½ cebolla blanca mediana, picada en trozos grandes

2 cucharadas de mantequilla sin sal, a temperatura ambiente

1 chile jalapeño, sin semillas y picado muy finamente

2 dientes de ajo, picados muy finamente

1 cucharadita de comino molido

sal kosher

una pizca de nuez moscada recién rallada

1 mitad de pechuga de pavo de 2 libras, deshuesada, con piel

pimienta negra recién molida

1 ramillete de cilantro fresco

¼ de taza de ron oscuro

¼ de taza de agua

salsa de tamarindo:

2 tazas de agua

3 cucharadas de pasta de tamarindo

6 cucharadas de miel

2 cucharadas de aceite de oliva

1 cebolla amarilla mediana, picada finamente

3 dientes de ajo, picados muy finamente

½ taza de caldo de pollo bajo en sodio

½ taza de cilantro fresco, picado

2 cucharaditas de salsa de soya

1½ cucharadita de comino molido

1 cucharadita de salsa sriracha

½ cucharadita de jengibre fresco, pelado y rallado finamente

½ cucharadita de sal kosher

¼ de cucharadita de canela en polvo

1. Precalienta el horno a 450°F. Rocía una asadera pequeña con aceite en aerosol.

2. Para preparar el pavo, haz un puré con el yogur, la cebolla, la mantequilla, el jalapeño, el ajo, el comino, ¼ de cucharadita de sal y la nuez moscada en un procesador de alimentos.

3. Coloca el pavo sobre una superficie para trabajar, con el lado de la piel hacia arriba. Cuidadosamente desliza los dedos debajo de la piel para aflojarla de la carne y crear un bolsillo, manteniendo la piel pegada en un lado. Unta la mitad de la mezcla de yogur uniformemente debajo de la piel. Sazona el pavo generosamente con sal y pimienta.

4. Corta los tallos del cilantro. Pica las hojas, llena ½ taza y déjalo a un lado. Distribuye los tallos del cilantro en el fondo de la asadera. Coloca el pavo encima de los tallos. El calor de la asadera liberará los aceites de los tallos de cilantro y le dará sabor a la pechuga de pavo.

5. Pon la asadera en el horno y reduce inmediatamente la temperatura del horno a 400°F. Asa el pavo durante 25 minutos. Unta generosamente con la mezcla de yogur restante y continúa asando por unos 25 minutos más hasta que un termómetro de lectura instantánea insertado en la parte más gruesa de la pechuga registre 165°F. Pasa el pavo a una tabla para cortar y cubre ligeramente con papel aluminio para mantener el calor.

6. Coloca la asadera sobre dos quemadores a fuego medio. Poco a poco agrega el ron, raspando los pedacitos dorados en la asadera con una cuchara de madera, agrega ¼ de taza de agua y deja hervir por 1 minuto. Retira del fuego.

7. Mientras tanto, para hacer la salsa, pon el agua y la pasta de tamarindo a hervir en una olla mediana a fuego medio, aplastando la pasta con un tenedor o un machacador de papas, hasta que la pasta se ablande y empiece a disolverse. Reduce el fuego a medio-bajo y hierve durante 10 minutos. Cuela en un recipiente mediano la mezcla de tamarindo usando un colador de rejilla metálica pequeña, presionando los sólidos con el dorso de una cuchara. Desecha los sólidos que queden en el colador. Vuelve a poner la mezcla en la olla. Agrega la miel y cocina a fuego lento por unos 10 minutos hasta que esté ligeramente reducida. Retira del fuego y reserva.

8. Calienta el aceite en una sartén grande a fuego medio. Agrega la cebolla y el ajo y cocina por unos 5 minutos, revolviendo ocasionalmente, hasta que la cebolla se ablande. Añade la mezcla de tamarindo, el ron que quedó en la asadera, el caldo, ¼ de taza de cilantro picado, la salsa de soya, el comino, la sriracha, el jengibre, la sal y la canela. Calienta hasta que hierva. Reduce el fuego a medio-bajo y hierve por aproximadamente 10 minutos, revolviendo ocasionalmente, hasta que la salsa se haya reducido a alrededor de ½ taza y cubra una cuchara de madera.

9. Corta el pavo a lo largo en tajadas diagonales de ½ pulgada de grosor. Pasa a un plato para servir. Espolvorea con el cilantro restante y sirve con la salsa.

CHICA TIP

El tamarindo es una vaina agridulce del árbol del mismo nombre. Puedes comprar las vainas y dejarlas remojar en agua para hacer una pasta, pero yo uso pasta de tamarindo, que se vende en forma de ladrillo o en un recipiente de plástico. El tamarindo tiene un sabor agrio y ácido y se utiliza para hacer salsas y bebidas. Un poquitito alcanza para mucho. Busca la pasta o la pulpa de tamarindo congelada en los mercados asiáticos o latinos.

mini-quiches de pavo y espinacas

¡Espera a ver las sonrisas en tu mesa cuando sirvas estos quiches saludables sin masa! Ramequines individuales se forran con pavo en tajadas, se rellenan con una mezcla tipo quiche de espinacas y huevos, encima se echa un poco de queso feta y luego se hornea.

RINDE 4 PORCIONES

4 huevos grandes, más 4 claras de huevos grandes

1 cucharadita de hojas de orégano fresco, picado finamente

¼ de cucharadita de pimentón dulce en polvo

¼ de cucharadita de sal kosher

¼ de cucharadita de pimienta negra recién molida

un paquete de 16 onzas de espinacas picadas congeladas, descongeladas, exprimiendo el exceso de agua

aceite en aerosol para cocinar

¾ de libra de pechuga de pavo asada estilo deli, en tajadas

¾ de taza (3 onzas) de queso feta bajo en grasa, desmenuzado

hojuelas de pimiento rojo picante molidas, para servir (opcional)

1. Precalienta el horno a 350°F.

2. Bate los huevos, las claras de huevo, el orégano, el pimentón, la sal y la pimienta en un recipiente grande. Agrega la espinaca, revolviendo.

3. Cubre ligeramente el interior de 4 ramequines de 6 pulgadas con aceite en aerosol. Forra cada uno con 3 a 4 tajadas de pavo, doblando el pavo, según sea necesario, para crear una especie de cuenco o canasta al interior del ramequín. Rellénalos con cantidades iguales de la mezcla de huevo y espolvorea con queso feta.

4. Hornea durante 25 minutos hasta que al insertar un cuchillo en el centro del quiche aquel salga limpio. Espolvorea con el pimiento picante, si lo deseas. Sirve caliente.

chili de pavo

Sí, el pavo es magro y bajo en grasa, pero eso también significa que puede ser desabrido. Al hacer chili de pavo, o cualquier plato de pavo en este caso, le doy sabor añadiendo un montón de cebollas, ajo y especias, así como un poco de cerveza y una pizca de chocolate.

RINDE DE 4 A 6 PORCIONES

2 cucharadas de aceite de oliva

2 libras de pechuga de pavo molida

2 cebollas amarillas medianas, picadas

4 dientes de ajo, picados finamente

2 cucharaditas de ají en polvo

2 cucharaditas de comino molido

1 cucharadita de orégano seco

1 lata de 14 onzas de tomates picados, en jugo

1 taza de caldo de pollo bajo en sodio

½ taza de cerveza

1 cucharada de pasta de tomate

sal kosher

pimienta negra recién molida

1 lata de 14 onzas de frijoles rojos, enjuagados y escurridos

2 onzas de chocolate amargo, picado finamente

queso cheddar maduro, rallado, para servir

cebolletas —las partes blancas y las verde claro— picadas, para servir

1. Calienta el aceite en una olla grande a fuego medio. Agrega el pavo y cocina por unos 12 minutos, revolviendo de vez en cuando y desmenuzando la carne con una cuchara, hasta que el líquido se haya evaporado y el pavo empiece a dorarse.

2. Agrega las cebollas y el ajo y cocina por aproximadamente 5 minutos, revolviendo ocasionalmente, hasta que estén suaves. Añade el ají en polvo, el comino y el orégano, seguido de los tomates con su jugo, el caldo, la cerveza y la pasta de tomate. Sazona con sal y pimienta. Calienta hasta que hierva. Reduce el fuego a medio-bajo y cubre parcialmente la olla. Hierve a fuego lento por unos 20 minutos, revolviendo de vez en cuando, para mezclar los sabores. Agrega los frijoles, revolviendo, y cocina hasta que los jugos de cocción se espesen, por unos 10 minutos más. Añade el chocolate y revuelve hasta que se derrita.

3. Con una cuchara echa el chili en tazones y espolvorea el queso y las cebolletas encima. Sirve caliente.

albóndigas de pavo en salsa ahumada de tomate y comino

Las albóndigas siempre han sido uno de mis alimentos reconfortantes favoritos. Yo uso pechuga de pavo en lugar de carne de res, y mi salsa de tomate incluye mis condimentos latinos favoritos, el comino y el chile chipotle ahumado en adobo. Cuatro chipotles hacen que este plato sea agradable y picante, pero usa menos si lo deseas. Sirve sobre espaguetis de trigo integral, polenta o cuscús israelí.

RINDE DE 4 A 6 PORCIONES

albóndigas:

1 libra de pechuga de pavo molida

⅓ de taza de pan común rallado

2 cucharadas de cilantro fresco, picado finamente

1 cucharadita de comino molido

½ cucharadita de sal kosher

¼ de cucharadita de pimienta negra recién molida

¾ de taza de cebolla, rallada (usa los orificios grandes de un rallador de caja)

2 cucharaditas de ajo picado

2 huevos grandes, ligeramente batidos

salsa:

1 taza de 28 onzas de puré de tomate

1½ taza de cebolla, rallada (usa los orificios grandes en un rallador de caja)

1 taza de caldo de pollo

2 cucharaditas de comino molido

1 cucharada más 1½ cucharadita de orégano seco

4 chiles chipotle en salsa de adobo, sin semillas y picados finamente

2 dientes de ajo enteros, pelados y majados con un cuchillo

2 cucharadas de aceite de oliva

Cilantro fresco picado, para decorar (opcional)

1. Para preparar las albóndigas, mezcla los ingredientes en un recipiente grande usando tus manos. Forma 24 albóndigas con la mezcla. Colócalas en una bandeja, cúbrelas y refrigera hasta que sea el momento de cocinar.

2. Para hacer la salsa, mezcla el puré de tomate, la cebolla, el caldo, el comino, el orégano, los chipotles con su adobo y el ajo en una licuadora.

3. Calienta el aceite en una olla de hierro grande a fuego medio. En tandas, agrega las albóndigas y cocina por unos 4 minutos, revolviendo ocasionalmente, hasta que estén ligeramente doradas. Con una cuchara calada, pasa las albóndigas a un plato. Añade el puré de chipotle a la olla y cubre parcialmente. Calienta a fuego lento hasta que hierva. Reduce el fuego a medio-bajo y deja hervir por unos 10 minutos, revolviendo de vez en cuando para mezclar los sabores. Vuelve a echar las albóndigas a la olla y revuelve suavemente para cubrirlas con la salsa. Cubre completamente la olla y cocina a fuego lento por unos 15 minutos, revolviendo a mitad de la cocción, hasta que las albóndigas estén cocidas, lo que puedes comprobar al pincharlas con la punta de un cuchillo.

4. Pásalas a una fuente de servir, espolvorea con el cilantro —si decides usarlo— y sirve caliente.

¡Date un gusto!
chicharrones de pollo

Si te gusta el pollo frito tanto como a mí, sabes que podemos disfrutarlo sólo como un placer ocasional. Si decido hacer —y comer— pollo frito, mejor que valga la pena. Y esta receta dominicana de pollo frito la vale.

RINDE 4 PORCIONES

pollo marinado:

1 taza de jugo fresco de limón

4 dientes de ajo, picados

1 cucharada de salsa de soya

1 cucharadita de orégano seco

8 mitades de pechuga de pollo, muslos, o una combinación de ambos, con piel y huesos

cubierta:

1 taza de harina para todo uso

1 cucharadita de pimentón dulce en polvo

1½ cucharadita de sal kosher

½ cucharadita de pimienta negra recién molida

2 tazas de aceite de maní

1. Para marinar el pollo, mezcla el jugo de limón, el ajo, la salsa de soya y el orégano en una bolsa de plástico con cierre. Agrega el pollo y mezcla bien para que quede bien cubierto. Cierra la bolsa y refrigera durante 2 a 3 horas, dándole vuelta vez en cuando.

2. Escurre el pollo y sécalo con una toalla de papel. Mezcla la harina, el pimentón, la sal y la pimienta en un recipiente poco profundo. En tandas, unta el pollo en la mezcla de harina y sacude el exceso. Pásalo a un plato.

3. Calienta el aceite en una sartén grande y profunda a fuego medio-alto hasta que registre 355°F en un termómetro para freír.

4. En tandas, pero sin que se topen demasiado, echa el pollo al aceite. Fríelo por 12 a 14 minutos, volteándolo ocasionalmente, hasta que esté dorado y un termómetro de lectura instantánea insertado en la parte más gruesa del pollo registre 165°F (retira el pollo del aceite para hacer esta prueba). Pásalo a una rejilla de metal para tortas sobre una bandeja para hornear o una toalla de papel para escurrir y enfriar un poco. Sírvelo caliente.

¡Date un gusto!

(¡Este capítulo tiene dos recetas! No pude elegir entre ellas).

mac chica swánish (sándwich de pollo asado con salsa especial)

Cuando era niña no podía pronunciar la palabra «sándwich», y en su lugar decía «swánish». Un swánish podía ser cualquier cosa, desde un sándwich de atún a una hamburguesa de comida rápida. Siendo adulta, a veces se me antoja una hamburguesa de comida rápida. Decidí crear un sándwich con esos mismos sabores para el antojo ocasional. Los niños de todas las edades lo amarán.

RINDE 4 PORCIONES

salsa:

½ taza de mayonesa

2 cucharadas más 1½ cucharadita de aderezo francés cremoso

2 cucharadas de salsa de pepinillo dulce

2 cucharadas de cebolla blanca, picada muy finamente

1 cucharadita de vinagre blanco destilado

1 cucharadita de azúcar

sal kosher al gusto

pimienta negra recién molida, al gusto

sándwich:

4 presas de pechuga de pollo deshuesadas y sin piel, cortadas en tajadas finas

2 cucharaditas de Adobo Delicioso (página 8)

1 cucharada de salsa inglesa

Aceite en aerosol para cocinar

8 rebanadas finas de queso cheddar

4 panecitos de sándwich alargados de 6 pulgadas, divididos a lo largo

2 tazas de lechuga iceberg, picada finamente

1 aguacate maduro Hass, sin semilla, pelado y cortado en rodajas

pepinillos, cortados en rodajas

1. Para hacer la salsa, mezcla los ingredientes en un recipiente pequeño. Cubre con papel plástico y refrigera por lo menos 1 hora para que se integren los sabores.

2. En un plato, sazona los filetes de pollo por ambos lados con el Adobo Delicioso y la salsa inglesa.

3. Rocía con aceite en aerosol una sartén acanalada grande para asar y calienta a fuego medio-alto. Agrega las presas de pollo y cocina por unos 3 a 4 minutos hasta que la parte inferior esté dorada, con marcas de la parrilla y cocida. Da vuelta al pollo y echa el queso encima. Cocina por unos 3 minutos más hasta que la parte inferior esté dorada y el queso se haya derretido. Pasa a un plato.

4. Coloca los panecitos en la sartén con el lado cortado hacia abajo y cocínalos por aproximadamente 1 minuto hasta que estén ligeramente tostados. Unta cada pan con un poco de salsa y añade una presa de pollo, ¼ de la lechuga, ¼ del aguacate y algunos pepinillos. Cierra el panecito, córtalo por la mitad en diagonal y sírvelo.

chuletas de cerdo en salsa de
chipotle, ron y naranja

todo sobre
la carne

Soy una amante de la carne y gozo de un buen pedazo de bistec, una chuleta de ternera o un estofado de cerdo de vez en cuando. Digo de vez en cuando porque la carne, al igual que el chocolate, el queso y el vino, se disfruta mejor con moderación. Cuando como carne, me parece que una porción razonable de cuatro a seis onzas es suficiente. Además, la carne es tan llenadora y satisfactoria, que me impide comer demasiado de todo lo demás. Uso cortes más magros de carne (lomo de cerdo en lugar de pernil) cuando es posible, pero los cortes más grasos y de bajo costo, tales como el pecho de res, son sabrosos y tiernos cuando se cocinan. Corta el exceso de grasa tanto como sea posible antes de cocinar la carne. Con estas preparaciones, ahora puedo cocinar la carne que tanto me gusta y disfrutarla.

cerdo en mojo de mango

El mojo es popular en todo El Caribe, pero sobre todo en Cuba. Trozos de carne de cerdo (yo uso solomillos de cerdo enteros) son marinados en una mezcla agridulce, luego espolvoreados con un audaz adobo seco de granos de pimienta y anís estrellado.

RINDE 6 PORCIONES

marinada:

1 cucharada de aceite vegetal

1 cucharada de semillas de achiote

1 mango, sin semilla, pelado y cortado en trozos de 1 pulgada

¾ de taza de jugo de naranja fresco

½ taza de jugo fresco de limón

½ cebolla roja pequeña, cortada fina

3 dientes de ajo, picados gruesos

1 cucharada de miel

cerdo:

1½ libra de solomillo de cerdo, eliminando la piel y el exceso de grasa, cortado en trozos de 3 pulgadas

1 cucharada de aceite de canola

1 cucharadita de mantequilla sin sal

adobo seco de especias:

4 anises estrellados

2 cucharadas de azúcar moreno claro

¾ de cucharadita de granos de pimienta negra

¾ de cucharadita de sal

salsa de mango:

1 mango, sin semilla, pelado y cortado en cubos de ½ pulgada

1 cebolla amarilla mediana, picada

½ taza de cilantro fresco, picado

1. Para hacer la marinada, calienta el aceite en una sartén pequeña a fuego medio. Añade las semillas de achiote y cocina por 2 a 3 minutos, revolviendo casi constantemente, hasta que el aceite se ponga dorado. Cuela el aceite y desecha las semillas.

2. Mezcla el mango, el jugo de naranja y limón, la cebolla, el ajo, la miel y el aceite de achiote en un procesador de alimentos o una licuadora hasta que quede una mezcla suave. Vierte la marinada en una bolsa plástica grande con cierre. Añade la carne de cerdo. Cierra y refrigera por 2 horas.

3. Mientras tanto, para hacer el adobo seco, muele finamente el anís estrellado, el azúcar moreno, la pimienta y la sal en un molinillo de especias eléctrico.

4. Saca la carne de cerdo de la marinada y sécala con toalla de papel. Pásala a un recipiente grande. Añade el adobo de especias y mezcla bien hasta que la carne de cerdo esté bien cubierta.

5. Precalienta el horno a 400°F.

6. Calienta el aceite y la mantequilla a fuego medio-alto en una sartén grande para horno. Dora la carne de cerdo por aproximadamente 5 minutos. Pon la sartén en el horno y cocina por unos 10 minutos hasta que la carne se vea cocida. Pasa la carne de cerdo a un plato.

7. Para hacer la salsa, mezcla el mango, la cebolla y el cilantro en un recipiente mediano. Viértela sobre la carne de cerdo y sirve caliente.

pozole mexicano de cerdo

El pozole es un estofado espeso, a base de maíz blanco, generalmente hecho con espaldilla de cerdo, pero yo uso lomo, que tiene mucha menos grasa. En la mesa se ponen pocillos con repollo picado, aguacate cortado en rodajas, rábanos, cilantro picado y cuñas de limón para que cada persona pueda condimentar el pozole como lo desee. Sirve este delicioso y reconfortante pozole con unas tortillas y cerveza mexicana.

RINDE DE 4 A 6 PORCIONES

pozole:

4 chiles Nuevo México secos enteros

1 taza de agua hirviendo

2 cucharaditas de aceite de maní

8 onzas de chuletas de lomo de cerdo deshuesadas, eliminando el exceso de grasa, y cortadas en trozos de ½ pulgada

1 cebolla amarilla mediana, picada

6 dientes de ajo, picados finamente

2 cucharaditas de orégano mexicano seco

4 tazas de caldo de pollo bajo en sodio

2 latas de 15,5 onzas de maíz blanco (peto, pozole, nixtamal), enjuagado y escurrido

sal kosher

acompañamiento:

½ taza de repollo verde, rallado

1 aguacate Hass, sin semilla, pelado y cortado en lascas finas

¼ de taza de rábanos, cortados en rodajas finas

¼ de taza de cilantro fresco, picado

2 limones, cortados en cuñas

1. Coloca los chiles en un recipiente mediano resistente al calor. Vierte el agua hirviendo sobre los chiles. Déjalos reposar aproximadamente 30 minutos hasta que estén suaves. Cuélalos, reservando ¼ de taza del líquido. Corta los chiles por la mitad a lo largo y desecha los tallos y las semillas. Échalos en una licuadora o procesador de alimentos y haz puré con el líquido reservado. Pasa la mezcla a un recipiente y déjala a un lado.

2. Mientras tanto, calienta a fuego medio-alto 1 cucharada de aceite en una olla de hierro. Añade la carne de cerdo y cocina por unos 5 minutos, revolviendo ocasionalmente, hasta que se dore. Pasa la carne a un plato.

3. Agrega la cucharadita de aceite restante, la cebolla y el ajo a la olla. Cocina a fuego medio-alto por unos 5 minutos, revolviendo ocasionalmente, hasta que la cebolla se ablande. Añade la pasta de chile y el orégano y mezcla bien.

3. Vuelve a poner la carne de cerdo en la olla. Agrega el caldo y el maíz blanco y calienta hasta que hierva. Reduce el fuego a medio-bajo y cubre la olla. Cocina a fuego lento por aproximadamente 1 hora, revolviendo de vez en cuando, hasta que los sabores se mezclen y el pozole espese ligeramente. Sazona con sal.

4. Para servir, vierte el pozole en platos hondos o tazones. Deja que cada invitado le eche encima repollo, aguacate, rábano y cilantro a gusto y sirve las cuñas de limón a un lado.

cochinita pibil

En la Península de Yucatán, en México, la espaldilla de cerdo se marina en una pasta de achiote, jugo de naranja y limón, y luego se envuelve en hojas de plátano y se asa lentamente. El adobo ácido y el lento tiempo de cocción ablandan la carne y le dan un color naranja vibrante y un sabor dulce-picante.

La espaldilla de cerdo, o «pernil» como se le conoce en los mercados latinos, es un corte barato, pero es muy grande, así que pide un *half roast* . El corte *Boston Butt Roast* también funciona bien. Se usan hojas de plátano congeladas para envolver la carne de cerdo, mantener la humedad y ayudar a ablandar la carne. Se pueden encontrar en los mercados latinos y asiáticos. Si no encuentras hojas de plátano, envuelve la carne marinada en papel aluminio.

RINDE 6 PORCIONES`

cerdo:

1 cucharada de semillas de achiote

1 cucharada de orégano seco

1 cucharadita de sal kosher

½ cucharadita de comino molido

5 granos de pimienta negra

4 bayas de pimienta de Jamaica

4 clavos enteros

¼ de taza de cilantro fresco, picado finamente

5 dientes de ajo, picados (alrededor de 2½ cucharadas)

2 chiles habaneros, sin semillas y picados finamente

½ taza de jugo de naranja fresco

⅓ de taza de vinagre blanco destilado

¼ de taza de jugo fresco de limón

1 espaldilla de cerdo, o pernil o *Boston Butt Roast* de 4 libras, sin piel y con hueso,

cebollas en escabeche:

1 cebolla roja, cortada a la mitad y en medialunas de ⅛ de pulgada (aproximadamente 3 tazas)

½ taza de cilantro fresco, picado

1 chile habanero, sin nervaduras, sin semillas y picado finamente

sal kosher

pimienta negra recién molida

1 taza de vinagre blanco destilado

¼ de taza de jugo fresco de limón

2 hojas de plátano

1. Para preparar la carne de cerdo, muele el achiote, el orégano, la sal, el comino, la pimienta en grano, la pimienta de Jamaica y el clavo de olor juntos en un molinillo de especias o en un molinillo de café limpio hasta que estén convertidos en un polvo fino. Ponlo en un recipiente pequeño. Añade el cilantro, el ajo y los chiles y revuelve hasta formar una pasta.

2. En un recipiente grande, mezcla el jugo de naranja, el vinagre y el jugo de limón. Usando una brocheta de madera, perfora el pernil de cerdo por todos lados. Cubre la carne de cerdo frotándola por todos los lados con la mezcla de especias reservada. Coloca el cerdo en la mezcla de jugo, cubre y refrigera durante al menos 2 horas y hasta 12 horas, girando la carne a la mitad del tiempo de marinado

3. Mientras tanto, prepara la cebolla en escabeche. Mezcla las cebollas, el cilantro y el chile en un recipiente grande y sazona con sal y pimienta. Vierte el vinagre y el jugo de limón y revuelve bien. Cubre el recipiente y refrigera por lo menos 6 horas y hasta 8 horas.

4. Saca la carne de cerdo del refrigerador y deja reposar a temperatura ambiente durante 30 minutos para que no esté tan fría.

5. Precalienta el horno a 300°F.

6. Cubre el fondo y los lados de una olla de hierro con largos trozos de papel aluminio, dejando que el papel sobresalga unas 6 pulgadas de los lados de la olla. Pon una hoja de plátano, extendida a lo largo, presionándola para que se ajuste a la olla y deja que los extremos de la hoja sobresalgan de los bordes. Repite el procedimiento con la segunda hoja de plátano, colocándola transversalmente.

7. Saca la carne de cerdo del adobo y colócala en la olla. Vierte el adobo encima. Dobla las hojas que están colgando para cubrir por completo la carne. Dobla el papel de aluminio hacia el centro y sobre las hojas, asegurándote de que quede bien cerrado. Cubre la olla con una tapa que se ajuste bien para asegurar que la humedad no se escape. Hornea durante 4 horas, hasta que la carne esté muy suave. Sirve caliente.

paella de cerdo y pollo

A esta versión del plato de arroz más típico de España se le conoce como paella mixta, ya que tiene carne de cerdo y pollo. El sofrito de pimientos, cebolla y ajo cocidos lentamente es la piedra angular de muchos platos españoles. No hay necesidad de comprar una sartén especial para hacer paella: una de doce pulgadas es suficiente. Se puede preparar con hasta cuatro horas de antelación y cubrirse con papel aluminio. Cuando sea el momento de recalentar, coloca la sartén en la parte superior de una olla de agua hirviendo durante ocho a diez minutos (la olla debe ser lo suficientemente grande para que la sartén quede bien puesta sobre la parte superior de la misma). El vapor calentará la paella sin resecar el arroz y los otros ingredientes.

RINDE DE 4 A 6 PORCIONES

2 cucharadas de aceite de oliva

1 libra de muslos de pollo deshuesados, sin piel, eliminando el exceso de grasa, cortados en trozos de 2 pulgadas

1 libra de costillas de cerdo *baby back*, cortadas en costillas individuales, luego cortadas a través del hueso en trozos de 1 pulgada

6 onzas de chorizo duro estilo español, cortado en rodajas finas

1 pimiento rojo mediano, sin corazón, sin semillas, sin nervaduras, cortado en tiras finas

1 pimiento verde mediano, sin corazón, sin semillas, sin nervaduras, cortado en tiras finas

1 cebolla amarilla mediana, picada

4 dientes de ajo, picados finamente

1 taza de arroz integral de grano largo

1 lata de 10 onzas de tomates cortados en cubos con chiles

3 cucharadas de pasta de tomate

1 cucharadita de hebras de azafrán, machacadas

2½ tazas de caldo de pollo bajo en sodio

½ taza de guisantes congelados, descongelados

⅓ de taza de hojas de perejil de hoja plana fresco, picadas finamente

sal kosher

pimienta negra recién molida

1 limón amarillo, cortado en 6 cuñas

1. Calienta 1 cucharada de aceite en una sartén antiadherente grande o paellera a fuego medio-alto. En tandas, agrega el pollo y las costillas y cocina por unos 8 minutos, revolviendo ocasionalmente, hasta que estén doradas. Pásalos a un recipiente grande.

2. Agrega el chorizo, el pimiento rojo y el verde, la cebolla y el ajo y cocina por unos 6 minutos, revolviendo ocasionalmente, hasta que la cebolla se ablande. Añade el arroz, los tomates en cubos, la pasta de tomate y el azafrán a la sartén y mezcla bien. Regresa el pollo y las costillas a la sartén y cocina por unos 5 minutos, revolviendo de vez en cuando. Mientras tanto, calienta el caldo en una olla mediana hasta que hierva. En cinco o seis incorporaciones mezcla, revolviendo, el caldo hirviendo en el arroz, cocinando y revolviendo hasta que el caldo se haya absorbido casi por completo antes de añadir más, hasta haberlo añadido todo.

3. Reduce el fuego a bajo y tapa bien. Cocina a fuego lento por aproximadamente 45 minutos hasta que el arroz esté tierno y el líquido se haya absorbido. Añade los guisantes y el perejil y cocina alrededor de 1 minuto hasta que los guisantes estén calientes. Sazona con sal y pimienta. Sirve caliente con las cuñas de limón amarillo.

chuletas de cerdo en salsa de chipotle, ron y naranja

Para una rápida cena familiar entre semana, doro unas chuletas de cerdo en una sartén, las unto con un glaseado y luego las termino de cocinar en el horno. Sirve las chuletas con Ensalada de jícama (página 96) y Quinua con ají amarillo (página 231).

RINDE 4 PORCIONES

4 chuletas de corte central de lomo de cerdo de 1 pulgada de grosor, con hueso

sal kosher

pimienta negra recién molida

4 cucharaditas de aceite de oliva

ralladura fresca de 2 naranjas

⅔ de taza de jugo de naranja fresco

1 chipotle en adobo, picado finamente, con 1 cucharadita de adobo

¼ de taza de ron oscuro

3 cucharadas de miel

¼ de cucharadita de ajo en polvo

⅛ de cucharadita de pimienta de Jamaica molida

rodajas de naranja, para decorar

1. Sazona el cerdo con 1½ cucharadita de sal y 1 cucharadita de pimienta. Calienta una sartén grande a fuego medio-alto hasta que esté muy caliente. Añade el aceite y calienta por unos 30 segundos hasta que brille pero no eche humo. En tandas, si es necesario, echa las chuletas de cerdo a la sartén y cocina por unos 10 minutos, dándoles vuelta cuando sea necesario, hasta que estén doradas por ambos lados. Pásalas a un plato.

2. Añade la ralladura de naranja, el jugo de naranja, el chipotle, el ron, la miel, el ajo en polvo y la pimienta y calienta hasta que hierva, raspando los pedacitos dorados en la sartén con una cuchara de madera. Vuelve a echar la carne de cerdo a la sartén. Reduce el fuego a medio bajo. Hierve por 8 a 10 minutos, revolviendo ocasionalmente, hasta que la salsa esté ligeramente espesa y la carne de cerdo se vea cocida al pincharla en la parte más gruesa con la punta de un cuchillo afilado. Sazona con sal y pimienta.

3. Pon la carne de cerdo en una fuente y vierte la salsa encima. Adorna con las rodajas de naranja y sirve caliente.

fritanga boliviana

La fritanga, un guiso de carne de cerdo picante, es un tradicional plato boliviano que se prepara todo junto en una misma olla. Al cocinarse lentamente, las costillas de cerdo se ponen tan tiernas que se desprenden solas del hueso. Cocidos a fuego lento durante horas con ajo, menta y comino, espesado con maíz blanco y papa, los trozos de carne de cerdo se desmenuzan al menor contacto con un tenedor. Tengo muy buenos recuerdos de mi abuelo preparando esto para nosotros cuando era niña.

RINDE 12 PORCIONES

6 cucharaditas de aceite de oliva

2 libras de costillas de cerdo *baby back*, cortadas en costillas individuales

2 tomates grandes, cortados en cubos (aproximadamente 4 tazas)

2 tazas de cebolla amarilla, picada

2 cucharadas de hojas de perejil de hoja plana fresco, picadas

1 cucharada de hojas de menta fresca, picadas

1 cucharada de ají en polvo

1 ¾ cucharadita de sal kosher

1 cucharadita de comino molido

1 cucharadita de orégano seco

½ cucharadita de pimienta negra recién molida

8 tazas de agua

3 papas medianas para hornear, como las Russet, peladas, cortadas por la mitad a lo largo y cortadas en rodajas de ¼ de pulgada de espesor

1 lata de 15,5 onzas de maíz blanco (peto, pozole o nixtamal), enjuagado y escurrido

1. Calienta 2 cucharadas de aceite en una sartén grande a fuego medio-alto. Añade 4 costillas. Cocina por unos 4 minutos hasta que estén doradas, dándoles vuelta a los 2 minutos. Pásalas a un plato. Repite dos veces con el resto del aceite y las costillas.

2. Mezcla el tomate, la cebolla, el perejil, la menta, el ají en polvo, la sal, el comino, el orégano y la pimienta en una olla de hierro. Añade a la sartén las costillas reservadas junto con el jugo de cocción. Revuelve bien y agrega 8 tazas de agua. Calienta a fuego medio-alto hasta que hierva. Reduce el fuego y cocina a fuego lento por aproximadamente 1 hora, con la olla parcialmente cubierta, hasta que la carne esté tierna. Añade las papas y cocina por unos 15 minutos hasta que estén tiernas. Retira del fuego.

3. Echa 3 tazas del caldo de la olla a una licuadora. Con una cuchara calada, pasa 10 trozos de papa a la licuadora. Coloca un paño de cocina, no la tapa, a lo largo de la licuadora para permitir que salga el vapor. Licua hasta que quede una mezcla suave. Regresa la mezcla a la olla y revuelve para integrar.

4. Hierve una olla de agua a fuego medio-alto. Añade el maíz blanco y cocina por unos 3 minutos hasta que esté caliente. Escurre bien.

5. Divide el maíz blanco uniformemente en 6 pocillos grandes y profundos. Cubre cada uno con cantidades iguales del guiso y sirve caliente.

chuletas de ternera a la española con perejil y avellanas

La ternera es una carne delicada que requiere de una cocción cuidadosa y mucha atención. Mi manera favorita de cocinar chuletas de ternera es sellándolas rápidamente, luego las pongo en un plato, hago una salsa con lo que quedó en la sartén, la hago puré, y luego aso todo junto en el horno. Esta salsa de avellanas y perejil no opacará el sabor de la ternera. Para una cena sencilla pero elegante sírvelas con Frijoles de lima en romero (página 226), Ensalada de endivia rizada con higos, avellanas y manchego con vinagreta de guayaba (página 100) y una botella de tempranillo.

RINDE 4 PORCIONES

4 chuletas de costilla de ternera, de 1 pulgada de grosor

sal kosher

pimienta negra recién molida

1 cucharada de aceite de oliva

1 taza de caldo de pollo bajo en sodio

2 cucharadas de vinagre de sidra

1 cebolla amarilla pequeña, picada

1 taza de avellanas tostadas, peladas y picadas gruesas (página 10)

2 cucharadas de hojas de perejil de hoja plana fresco, picadas finamente, y más para servir

2 cucharadas de hojas frescas de estragón, picadas finamente, o 1 cucharada de estragón seco

1. Precalienta el horno a 350°F.

2. Sazona la carne de ternera con 1 ½ cucharadita de sal y 1 cucharadita de pimienta. Calienta una sartén grande para horno a fuego medio-alto hasta que esté muy caliente. Añade el aceite y calienta por unos 30 segundos hasta que brille pero no eche humo. En tandas, si es necesario, agrega las chuletas de ternera y cocina por unos 10 minutos, revolviendo ocasionalmente, hasta que estén doradas por ambos lados. Pásalas a un plato.

3. Añade 2 cucharadas de caldo y el vinagre a la sartén y calienta hasta que hierva, raspando los pedacitos dorados con una cuchara de madera. Agrega la cebolla y cocina por alrededor de 2 minutos, revolviendo frecuentemente, hasta que esté transparente. Añade las avellanas y cocina por 2 minutos, revolviendo frecuentemente, para mezclar los sabores. Agrega el caldo restante, el perejil y el estragón. Vuelve a poner las chuletas de ternera en la sartén. Hornea por aproximadamente 15 minutos, sin tapar, hasta que un termómetro de lectura instantánea insertado horizontalmente a un costado de una chuleta registre 150°F. La temperatura de la carne va a continuar aumentando.

4. Saca la sartén del horno y pasa las chuletas a un plato. Haz un puré con la mezcla de avellana y los jugos de la sartén en un procesador de alimentos. Sazona con sal y pimienta.

5. Divide la salsa de avellanas uniformemente entre 4 platos. Cubre cada porción con 1 chuleta. Adorna con perejil y sirve caliente.

guiso de carne en salsa picante de pepita

Las salsas hechas con semillas y/o frutos secos (moles, romesco, picada) se encuentran en toda la cocina latina, como en este estofado de ternera con pepitas y maní (para dar textura). Mientras el guiso se cuece en una olla de presión, la salsa se prepara rápidamente en una licuadora. Sirve con Arroz integral básico (página 234).

RINDE 4 PORCIONES

1 cucharada de aceite vegetal

2 libras de contracara sin hueso o carne de res para guisar, eliminando el exceso de grasa, cortada en trozos de 1½ pulgada

2 tazas de caldo de carne bajo en sodio

1 cebolla amarilla mediana, cortada en cuartos

2 cucharaditas de Adobo Delicioso (página 8)

1 diente de ajo, picado finamente

1 tomate grande, picado

½ taza de pepitas (semillas de calabaza) tostadas

¼ de taza de maní tostado

2 chiles chipotle enteros en adobo, picados muy finamente

sal kosher

1 taza de cilantro fresco, picado

2 cucharadas de cebolleta picada

1. Calienta el aceite en una olla de presión a fuego medio-alto. En tandas, agrega la carne y cocina por unos 8 minutos, revolviendo ocasionalmente, hasta que esté dorada. Pásala a un plato.

2. Regresa la carne a la olla de presión. Añade el caldo, la cebolla, el Adobo Delicioso y el ajo. Cierra bien la olla y aumenta el fuego a alto. Lleva la olla a presión alta. Reduce el fuego a medio-bajo y mantén la presión durante 15 minutos.

3. Coloca la olla en el fregadero y deja correr agua fría sobre la tapa (pero no sobre la válvula) para bajar la presión rápidamente. Cuando el indicador de presión indique que esta ha disminuido, saca la olla del fregadero y abre la tapa.

4. Con una cuchara calada, pasa la carne a un plato para servir y cúbrela con papel aluminio para mantener el calor. Vierte el líquido de cocción a una licuadora y añade el tomate, las pepitas, el maní y los chipotles. Con la tapa entreabierta, haz puré la mezcla y vuelve a echarla a la olla de presión. Cocina sin tapar a fuego medio-bajo por aproximadamente 10 minutos, revolviendo frecuentemente, hasta que la salsa empiece a espesar. Sazona con sal. Vierte la salsa sobre la carne, espolvorea con el cilantro y la cebolleta y sirve caliente.

fajitas ahogadas en tequila

Estas festivas fajitas de carne no sólo son carnosas y ahumadas, sino que están llenas de los intensos sabores de los pimientos y cebolletas asadas y de un revelador adobo de tequila y naranja. La entraña, delgada y fina, es mi corte favorito por su sabor carnoso intenso. Este corte de carne dura responde muy bien a las marinadas, lo que resulta en tiras muy tiernas.

RINDE 4 PORCIONES

adobo:

2 libras de carne de res de corte tipo *flank* o *skirt*

4 dientes de ajo, picados muy finamente

3 cucharadas de tequila, preferiblemente joven

2 cucharadas de jugo fresco de limón

2 cucharadas de jugo fresco de naranja

ralladura fresca de ¼ de naranja

2 cucharadas de vinagre de vino tinto

1 cucharadita de azúcar moreno claro u oscuro

½ cucharadita de pimienta negra recién molida

¼ de cucharadita de hojuelas de pimiento rojo

¼ de taza de aceite de oliva

3 cucharadas de cilantro fresco, picado

fajitas:

16 cebolletas, las partes blancas y las verde claro solamente

2 pimientos rojos, sin corazón, sin semillas, sin nervaduras y cortado en rodajas

2 cucharadas de aceite de oliva

1 cucharadita de orégano seco

sal kosher

8 tortillas de trigo integral o multigrano de 8 pulgadas, calientes

2 aguacates Hass maduros, cortados por la mitad, sin semilla, pelados y cortados en rebanadas finas

cilantro fresco, picado, para servir

cuartos de limón, para servir

salsa picante, para servir

1. Coloca la carne en una fuente poco profunda para hornear y frótala con el ajo. Bate el tequila, el jugo de limón, el de naranja y la ralladura de naranja, el vinagre, el azúcar moreno, la pimienta y las hojuelas de pimiento rojo en un recipiente pequeño. Añade, batiendo aún, el aceite y luego vierte la mezcla sobre la carne. Presiona 1 ½ cucharada de cilantro en cada lado de la carne en una capa uniforme. Cubre el molde para hornear con papel plástico y refrigera por lo menos 4 horas o toda la noche, girando la carne de vez en cuando.

2. Coloca la rejilla del horno a unas 6 pulgadas de la fuente de calor y precaliéntalo. Mezcla la cebolleta y los pimientos rojos en un recipiente pequeño con el aceite de oliva y el orégano y sazona con sal.

3. Retira la carne del adobo y sazona con sal. Coloca la carne, las cebolletas y los pimientos en una bandeja para hornear revestida en papel aluminio o en una bandeja para asar. Asa por unos 10 minutos (un poco más de tiempo en caso de que se use *skirt*), volteando la carne a los 5 minutos, hasta que esté dorada por ambos lados y se sienta suave con un poco de resistencia cuando se le presiona en la parte superior en el centro. Recuerda también voltear las cebolletas y el pimiento. Pasa la carne a una tabla para cortar, cúbrela con papel aluminio y déjala reposar durante 5 minutos. Pasa las cebolletas y el pimiento a un bol para servir.

4. Mientras tanto, calienta una sartén mediana a fuego medio-alto. Una a la vez, echa una tortilla y caliéntala de 30 a 45 segundos, dándole vuelta, hasta que esté caliente y plegable. Pásala a un plato y cúbrela con un paño de cocina para mantener el calor. (Como alternativa, apila las tortillas en un plato, cúbrelas con un paño húmedo y métalas al microondas a máxima potencia durante 30 segundos y luego mantenlas cubiertas hasta que sea el momento de servir).

5. Corta la carne en rebanadas delgadas en sentido contrario a las vetas y sirve con las tortillas calientes, las cebolletas, los pimientos y unas rebanadas de aguacate. Sirve aparte el resto de cilantro, los cuartos de limón y tu salsa picante favorita para sazonar al gusto.

todo sobre la carne

albondigón mexicano con kétchup de tequila

Cuando me siento nostálgica y anhelo el tradicional pastel de carne o albondigón de mamá, esta es mi receta favorita. Es comida casera en su máxima expresión.

RINDE 6 PORCIONES

aceite en aerosol para cocinar

kétchup de tequila:

1 taza de kétchup orgánico

2 cucharadas de vinagre de sidra de manzana

1 cucharada de tequila

1 cucharadita de salsa inglesa

¼ de cucharadita de chile chipotle en polvo

pastel de carne:

1 cucharada de aceite de oliva

1 cebolla, picada finamente

2 zanahorias ralladas (alrededor de ¾ de taza)

2 dientes de ajo, picados muy finamente

1 cucharadita de chile en polvo

½ cucharadita de chipotle en polvo

½ cucharadita de comino molido

1 cucharadita de salsa inglesa

1 taza de cilantro fresco picado

1 libra de carne de res molida sin grasa

1 libra de pechuga de pavo molida

2 huevos grandes

½ taza de pan común rallado

¾ de cucharadita de sal

1. Precalienta el horno a 350°F. Cubre con papel aluminio una bandeja para hornear con borde; rocía el papel aluminio con aceite en aerosol para cocinar.

2. Para hacer el kétchup de tequila, revuelve el kétchup, el vinagre, el tequila, la salsa inglesa y el chipotle en polvo en un recipiente pequeño hasta que se mezclen. Déjalo a un lado.

3. Para hacer el pastel de carne, calienta el aceite en una sartén antiadherente grande a fuego medio-alto. Echa la cebolla, la zanahoria, el ajo, el chile en polvo, el chipotle en polvo, el comino y la salsa inglesa. Cocina por unos 8 minutos, revolviendo ocasionalmente, hasta que las verduras estén tiernas. Retira del fuego y échale el cilantro, revolviendo. Pasa la mezcla a un recipiente grande y déjala enfriar un poco. Añade la carne de res, el pavo, los huevos, el pan rallado, la sal y ½ taza de la mezcla de kétchup, revuelve suavemente hasta que se mezclen.

4. Transfiere la mezcla a la bandeja para hornear y forma una barra de 6x9 pulgadas. Vierte la mezcla de kétchup restante encima de la barra de carne. Hornea por aproximadamente 1 hora y 10 minutos hasta que un termómetro de lectura instantánea insertado en el centro de la carne registre 160°F. Deja reposar 5 minutos antes de cortar.

anticucho peruano de carne

Los anticuchos, brochetas de carne a la parrilla, son un popular alimento que se vende en la calle en las regiones andinas de Perú y Bolivia, donde se hacen tradicionalmente con corazones de vacuno. Yo marino cubos de carne de res en una salsa hecha con mucho ajo y un poco de ají panca, una suave pasta de ají peruana.

RINDE DE 8 A 10 PORCIONES

¼ de taza de pasta de ají panca (suave)

¼ de taza de vinagre blanco destilado

12 dientes de ajo, picados muy finamente

1 cucharada de comino molido

1 cucharadita de orégano seco

1 cucharadita de sal kosher

½ cucharadita de pimienta negra recién molida

2½ libras de solomillo de res, cortado en cubos de 2x1 pulgadas

10 brochetas de metal, o de bambú remojadas en agua durante 30 minutos y escurridas

Aceite de oliva en aerosol para cocinar

1. Mezcla la pasta de ají panca, el vinagre, el ajo, el comino, el orégano, la sal y la pimienta en un recipiente grande.

2. Pon la carne en una bolsa plástica grande con cierre y vierte la mezcla de vinagre. Saca el aire y cierra la bolsa. Refrigera durante al menos 8 horas y hasta 16 horas, dando vueltas ocasionalmente. (O, si estás apurada de tiempo, marina la carne a temperatura ambiente durante 1 hora.)

3. Prepara una parrilla al aire libre o precalienta una sartén para asar a fuego medio-alto.

4. Ensarta cantidades iguales de carne en las brochetas. Rocía las brochetas con aceite en aerosol.

5. Si vas a usar la parrilla, cepilla la rejilla para que quede limpia. Si utilizas una sartén, tendrás que asar las brochetas en tandas. Asa las brochetas en la parrilla o la sartén durante unos 8 minutos para que queden a punto, dándoles vuelta ocasionalmente, hasta que estén doradas. Ponlas en una fuente y sirve inmediatamente.

matahambre

Tal como lo dice su nombre, el matahambre ¡sí que lo es! Este es un plato suculento. Antes de llenar un *flank* de res cortado en forma de libro abierto con verduras, huevos duros y otros ingredientes, marino la carne en leche para que esté tierna y jugosa. El matahambre se enrolla, se amarra y se sella antes de ser cocido en vino, caldo y hierbas.

1 corte de res tipo *flank* de 2 ½ libras, eliminando el exceso de grasa

sal kosher

pimienta negra recién molida

1 taza de leche

2 tazas de hojas de acelga, bien lavadas y picadas gruesas

2 zanahorias, ralladas

3 huevos duros grandes, sin cáscara y cortados en cuartos a lo largo

½ taza de aceitunas españolas verdes grandes deshuesadas, cortadas a la mitad a lo largo

½ cebolla amarilla pequeña, cortada en aros finos

⅓ de taza de ajíes picantes pequeños en escabeche (tales como los Goya), escurridos y picados

¼ de taza de queso parmesano recién rallado

1 cucharada de aceite de oliva

1 taza de vino tinto con cuerpo, de preferencia malbec argentino

1 taza de caldo de res bajo en sodio

1 cebolla amarilla grande, cortada en 4 trozos

¼ de taza de perejil de hoja plana fresco, picado

1 cabeza de ajo, cortada por la mitad

6 ramitas de tomillo fresco

6 ramitas de orégano fresco

2 hojas de laurel

3 cucharadas de harina para todo uso

¼ de taza de agua

1. Coloca la carne sobre una tabla para cortar, con la veta en dirección hacia ti. Sostén un cuchillo fino afilado paralelo a la tabla y, empezando por un lado largo, corta la carne en forma de libro abierto: corta con la veta casi hasta el otro lado y abre la carne como un libro. Pon un pedazo de papel plástico sobre la carne. Suavemente golpea con un mazo para carne o un rodillo hasta que la carne esté de un mismo grosor. Sazona con ½ cucharadita de sal y ¼ de cucharadita de pimienta. Coloca la carne en una fuente para hornear pequeña, no muy profunda, y vierte la leche. Cubre con papel plástico y refrigera durante 4 horas o toda la noche.

2. Desecha la leche y seca la carne con toalla de papel. Pon la carne sobre una superficie para trabajar. Esparce la acelga en forma pareja encima de la carne, dejando un borde de 1 pulgada. Esparce las zanahorias en forma pareja sobre la acelga. Encima echa uniformemente los huevos, aceitunas, las rodajas de cebolla, el ají en escabeche y el queso. Desde un lado corto, enrolla cuidadosamente la carne como si fuera un brazo gitano. Átala con hilo para cocinar en intervalos de 1 pulgada.

3. Calienta el aceite en una olla de hierro a fuego medio-alto. Agrega el rollo de carne y cocina por aproximadamente 5 minutos, volteándolo ocasionalmente, hasta que se dore por todos lados. Añade el vino, el caldo, los cuartos de cebolla, el

todo sobre la carne

perejil, el ajo, el tomillo, el orégano y hojas de laurel y calienta hasta que hierva. Reduce el fuego a medio-bajo y tapa. Cocina por aproximadamente 1½ hora hasta que la carne esté tierna, lo que puedes comprobar al pincharla con un tenedor.

4. Pasa la carne a una tabla para cortar. Cubre con papel aluminio y deja reposar durante 15 minutos.

5. Con una cuchara calada, saca y desecha el ajo, los tallos de las hierbas y las hojas de laurel del líquido de cocción. Calienta hasta que hierva. Mezcla la harina y el agua en un recipiente pequeño hasta que esté suave. Poco a poco, añade, revolviendo, la mezcla de harina al líquido cociéndose a fuego lento y continúa hirviendo. Hierve de 3 a 4 minutos, revolviendo frecuentemente, hasta que la salsa no tenga sabor a harina cruda. Sazona con sal y pimienta. Vierte la mezcla en una salsera grande.

6. Retira el hilo y corta el rollo de carne en sentido transversal en rebanadas de ½ pulgada de grosor. Sirve el matahambre con la salsa.

picaña al estilo posta negra colombiana

Barato y fácil, este clásico de la costa colombiana va bien con Arroz con lentejas y cebollas caramelizadas (página 225) y la Clásica ensalada latina de tomate y aguacate (página 101).

(página 225) ... (página 101).

RINDE 6 PORCIONES

1 cabeza de ajo

1 cucharada de sal kosher

2 cucharadas de aceite de oliva

4 libras de corte de picaña, tri-tip, o punta de anca

2 cebollas rojas medianas, cortadas en rodajas

4 tomates medianos, cortados en rodajas

½ taza de salsa de soya

1. Precalienta el horno a 375°F.

2. Pica el ajo en pedazos gruesos en una tabla para cortar. Espolvorea con un poco de sal y continúa picando el ajo y aplastándolo en la tabla para hacer una pasta. Échala a un recipiente pequeño y agrega la sal restante. Frótala por toda la carne y deja reposar durante 5 minutos.

3. Calienta el aceite en una sartén grande para horno a fuego medio-alto hasta que el aceite brille pero no eche humo. Echa la carne y cocina por unos 6 minutos, dándole vuelta ocasionalmente, justo hasta que el ajo empiece a dorarse. Mete la sartén al horno y hornea por aproximadamente 35 minutos hasta que un termómetro de lectura instantánea insertado en la parte más gruesa de la carne registre 140°F. Pasa la carne a una tabla para cortar y déjala reposar durante 10 minutos. (Este período permite que los jugos se redistribuyan por toda la carne, ayudando a mantenerla jugosa).

4. Mientras tanto, desecha la grasa en la sartén, reservando una cucharada. Calienta a fuego medio y echa las cebollas y los tomates. Cocina por unos 10 minutos, revolviendo ocasionalmente, hasta que las verduras estén tiernas. Pásalas a un procesador de alimentos y muele con el botón de pulso hasta que estén picadas. Echa la salsa a un bol para servir y añade la salsa de soya, revolviendo.

5. Corta la carne contra la veta y ponla en una bandeja para servir. Vierte la salsa sobre la carne y sirve inmediatamente.

arroz frito con cerdo y albaricoque

Nunca pido arroz frito en restaurantes porque por lo general es grasoso, salado y con poco sabor. Y es tan fácil de hacer en casa. El secreto está en usar una sartén bien caliente (realmente caliente). Me gusta añadir unos albaricoques secos y jugo de piña para darle un toque de dulzura.

RINDE 6 PORCIONES

arroz:

1 cucharada de aceite vegetal

2 tazas de arroz de grano largo

2 tazas de jugo de piña sin azúcar

2 tazas de agua

⅓ taza de albaricoques secos, cortados

2 cucharaditas de sal kosher

carne de cerdo:

1½ cucharada de aceite de maní

1½ libra de lomo de cerdo deshuesado, cortado en trozos de ¼ de pulgada

1½ cucharadita de sal kosher

½ cucharadita de pimienta negra recién molida

2 dientes de ajo, picados

½ taza de cilantro fresco, picado

¼ de taza de apio, picado finamente

¼ de taza de cebolletas —las partes blancas y las verde claro— picadas finamente

2 cucharadas de salsa de soya baja en sodio

2 cucharaditas de vinagre de jerez

1 cucharada de jengibre fresco, rallado finamente

¼ de taza de pistachos, tostados, para decorar

1. Arroz: calienta el aceite en una olla grande a fuego medio. Agrega el arroz y cocina por unos 2 minutos, revolviendo con frecuencia, hasta que se vea blancuzco. Añade el jugo de piña, el agua, los albaricoques, la sal y calienta hasta que hierva. Cocina hasta que el líquido esté por debajo de la superficie del arroz y en él se formen túneles. Reduce el fuego a bajo y tapa. Cocina de 15 a 20 minutos hasta que el arroz esté tierno.

2. Carne de cerdo: calienta el aceite en una sartén a fuego medio-alto. Sazona el cerdo con sal y pimienta. En tandas, echa el cerdo a la sartén y cocina por aproximadamente 7 minutos, revolviendo ocasionalmente, hasta que esté ligeramente dorado. Pásalo a un plato. Vuelve a echar la carne de cerdo a la sartén. Añade el ajo, ¼ de taza de cilantro, el apio, las cebolletas, la salsa de soya, el vinagre de jerez y el jengibre. Sofríe por aproximadamente 3 minutos hasta que el apio esté tierno. Agrega el arroz y saltea por unos 3 a 5 minutos hasta que esté bien mezclado. Espolvorea con los pistachos y el cilantro restante y sirve caliente.

carne en su jugo

Describir la carne en su jugo como un plato hecho con carne de res, tocino y frijoles sería hacerle un flaco favor a este clásico mexicano. Es uno de esos platos que es mucho más que sus ingredientes individuales. El filete marinado cortado en lonjas se cocina en grasa de tocino con cilantro, cebolletas, chipotles y un poco de caldo, hasta que esté tierno. La carne se echa en tazones sobre los frijoles y se sirve con acompañamientos.

RINDE 4 PORCIONES

1½ libra de carne de res tipo *flank*, cortada en trozos de 1 pulgada

⅓ de taza de jugo fresco de limón

2 cucharadas de salsa inglesa

5 tiras de tocino, picado gruesamente

½ taza de cilantro fresco, picado

2 cebolletas —las partes blancas y las verde claro— cortadas en rodajas finas

2 chiles jalapeños, sin semillas y picados finamente

1 cucharada de Adobo Delicioso (página 8)

3 tazas de caldo de carne bajo en sodio

1 lata de 15 onzas de frijoles pintos, sin enjuagar o escurrir

sal kosher

pimienta negra recién molida

½ taza de cilantro fresco, picado finamente

2 cebolletas —las partes blancas y las verde claro— cortadas en rodajas finas

4 rábanos, cortados en rodajas finas

1 limón, cortado en cuñas

1. Mezcla la carne con el jugo de limón y la salsa inglesa en un recipiente grande hasta que esté bien cubierta. Deja reposar a temperatura ambiente durante 15 minutos. Cuela la carne reservando la marinada. Seca la carne con toalla de papel.

2. Cocina el tocino en una olla de hierro a fuego medio-alto por unos 5 minutos, revolviendo ocasionalmente, hasta que esté dorado y crujiente. Con una cuchara calada, pon el tocino sobre toallas de papel para eliminar el exceso de aceite.

3. Reserva 1 cucharada de grasa de tocino de la olla, desechando el resto, y caliéntala a fuego medio-alto. En tandas, agrega la carne a la olla y cocina, revolviendo ocasionalmente, hasta que esté dorada. Pásala a un plato.

4. Regresa toda la carne a la olla. Añade el cilantro, la cebolleta, los chiles jalapeños y el Adobo Delicioso. Cocina por unos 3 minutos, revolviendo ocasionalmente, hasta que los chiles jalapeños se ablanden. Agrega el caldo y calienta hasta que hierva. Reduce el fuego a medio bajo. Hierve por unos 20 minutos, revolviendo ocasionalmente, hasta que la carne esté tierna.

5. Mientras tanto, pon los frijoles y su líquido a calentar en una olla pequeña a fuego medio hasta que hiervan. Reduce el fuego a medio-bajo y cocina por unos 3 minutos hasta que esté caliente.

6. Divide los frijoles y el líquido entre 4 tazones de sopa y encima de cada uno echa una porción del guiso. Sirve caliente, dejando que cada invitado espolvoree a gusto su porción con cilantro, cebolletas, rábanos y tocino. Sirve con los cuartos de limón a un lado para exprimir.

pecho de res en tomatillo y manzana

El pecho de res es perfecto para la olla de presión; necesita cocinarse a fuego bajo y lento. Y se cocina en la mitad del tiempo que tomaría si lo hicieras en el horno. Los tomatillos y las manzanas le dan un toque contemporáneo a esta preparación clásica.

RINDE DE 4 A 6 PORCIONES

2½ libras de pecho de res

2 cucharaditas de Adobo Delicioso (página 8)

2 cucharadas de aceite de canola

7 tomatillos, sin su cáscara, enjuagados y cortados en cuartos

3 manzanas dulces, no ácidas, como la Rome Beauty, Gala o Honeycrisp, peladas, sin corazón y picadas

2 cebollas amarillas medianas, picadas

½ taza de apio, picado

½ taza de zanahorias, picadas

¼ de taza de cilantro fresco, picado, y más para servir

3 dientes de ajo, picados

2 chiles jalapeños, sin semillas y picados finamente

1 cucharadita de sal kosher

¼ de cucharadita de comino molido

1 hoja de laurel

1½ taza de caldo de pollo bajo en sodio

1. Frota el pecho de manera uniforme con el Adobo Delicioso. Calienta el aceite en una olla grande de presión (la mía es de 6 cuartos de galón) a fuego medio-alto. Añade la carne y cocina por unos 6 minutos, volteando una vez, hasta que se dore. Pásala a un plato.

2. Agrega los tomatillos, las manzanas, las cebollas, el apio, las zanahorias, el cilantro, el ajo, los chiles jalapeños, la sal, el comino y laurel a la olla. Cocina por unos 5 minutos, revolviendo de vez en cuando para mezclar los sabores. Vuelva a echar la carne a la olla y vierte el caldo. Pon la tapa en su lugar.

3. Calienta a fuego alto hasta que la presión sea alta. Ajusta el fuego a medio-bajo para mantener la presión alta. Cocina durante 1 ½ hora. Libera la presión de la olla de acuerdo con las instrucciones del fabricante. Abre la olla y pasa la carne a una tabla para cortar, cubre con papel aluminio y deja reposar durante 10 minutos. En tandas, haz puré del líquido de cocción usando una licuadora con la tapa entreabierta. Sazona la salsa con sal y pimienta y déjala a un lado.

4. Corta la carne en contra de la veta y pásala a una fuente honda. Con una cuchara echa un poco de la salsa sobre la carne y espolvorea con el cilantro. Sirve caliente, con el cilantro restante a un lado.

hamburguesas latinas con salsa de cebollas y jalapeños caramelizados y mayonesa de pimiento rojo

Si voy a comerme una hamburguesa, más vale que valga la pena. Así que decidí actualizar el clásico estadounidense añadiendo un poco de chorizo picante y echándole mi sabrosa salsa de cebollas y jalapeños caramelizados y mayonesa de pimiento rojo. Cuando me preguntan cuál me gustaría que fuera mi última comida, esta hamburguesa estaría definitivamente en el menú.

RINDE 6 PORCIONES

mayonesa:

2 pimientos rojos asados medianos (embotellados), escurridos

¾ de taza de mayonesa

sal kosher

pimienta negra recién molida

hamburguesas:

¾ de libra de solomillo de res molido

¾ de libra de espaldilla de res molida

½ libra de chorizo mexicano crudo, sin piel y desmenuzado

1 cebolla amarilla grande, rallada

½ taza de pan rallado

1 cucharada de Adobo Delicioso (página 8)

2 cucharadas de aceite de canola

6 rebanadas de queso mozzarella o Oaxaca

6 panes para hamburguesas de grano entero o integrales

salsa:

2 cucharadas de aceite de oliva

2 cebollas grandes amarillas, cortadas a la mitad y en rodajas finas

sal kosher

pimienta negra recién molida

½ taza de rebanadas de chile jalapeño en botella, escurridas

½ taza de azúcar moreno oscuro

1. Para hacer la mayonesa de pimiento rojo, haz puré los pimientos en una licuadora o procesador de alimentos. Añade la mayonesa y mezcla hasta que quede suave. Sazona con sal y pimienta. Pasa la mezcla a un recipiente, cubre y refrigera por lo menos 4 horas o toda la noche preferiblemente.

2. Para preparar las hamburguesas, mezcla bien con la mano el solomillo molido, la espaldilla molida, el chorizo, la cebolla, el pan rallado y el Adobo Delicioso en un recipiente grande. Haz 6 hamburguesas sin presionarlas demasiado porque pueden ponerse duras. Forra con papel mantequilla un molde para hornear y coloca las hamburguesas una al lado de la otra en una sola capa. Cubre y refrigera por lo menos 30 minutos. Esto ayudará a que las hamburguesas no se desarmen.

3. Para hacer la salsa, calienta el aceite en una sartén a fuego medio-bajo. Añade la cebolla y sazona con sal y pimienta. Agrega los chiles jalapeños y el azúcar moreno. Cocina por unos 15 minutos, revolviendo ocasionalmente, hasta que la cebolla y los jalapeños estén caramelizados y tiernos. Pásalos a un recipiente y deja enfriar.

4. Para cocinar las hamburguesas, precalienta una parrilla al aire libre a fuego medio. Cepilla la rejilla de la parrilla hasta que esté bien limpia. Engrasa ligeramente la rejilla con el aceite. Coloca las hamburguesas en la parrilla y cubre con la tapa de la parrilla. Cocina por unos 15 a 20 minutos (debido a que contienen chorizo crudo, no cocines por menos tiempo), dando vuelta a las hamburguesas cada 5 minutos, hasta que estén cocidas y se sientan firmes cuando se les presiona en la parte superior con un dedo. (O calienta una sartén a fuego medio-alto. Echa las hamburguesas y cubre. Cocina por unos 15 a 20 minutos, reduciendo el fuego según sea necesario y dando vuelta a las hamburguesas cada 5 minutos, hasta que estén bien cocidas). Durante los últimos minutos, pon una rebanada de queso sobre cada hamburguesa. Sácalas de la parrilla.

5. Para cada una hamburguesa, unta aproximadamente 2 cucharadas de la mayonesa en el interior del pan. Añade una hamburguesa y encima échale un par de cucharadas de la salsa. Sirve caliente.

sobres de salmón con
naranja y orégano

ciao pescao

El haber crecido en una isla en El Caribe me permitió apreciar el mar y su generosidad. Cuando pienso en mis mayores alegrías en lo que se refiere a ocio y tiempo libre, lo primero que se me viene a la mente es sin duda el océano. La pesca es una de mis aficiones y un pasatiempo favorito. A menudo iba a pescar con mi papá. Me encantaba la emoción de capturar peces y luego llevarlos a casa y preparar lo que hubiéramos pescado.

Durante los últimos años, he estado viajando entre mi casa en Miami y la de mi novio en Nassau, Bahamas, donde pasamos un montón de tiempo pescando. Justo al lado de Nassau, hay un paraíso para pescadores que se llama Tongue of the Ocean, una de las partes más profundas del océano Atlántico. Pescamos pargo de ojo amarillo y otras delicias que no están disponibles comercialmente. Estos viajes de pesca me inspiran para crear recetas de pescado que son fáciles de preparar y saludables.

El pescado es una excelente fuente de proteína animal, probablemente la más liviana y saludable de todas. Es rico en ácidos grasos omega-3, que ayudan a prevenir enfermedades del corazón. Trato de comer alguna variedad de pescado de cuatro a cinco veces a la semana, ya que cada una ofrece diferentes nutrientes y eso también ayuda a conservar las especies.

tacos de atún y mango con crema de chipotle

Lleno de sabor y grasas esenciales omega-3, el atún es una excelente manera de agregar proteínas a las comidas. Esta receta es una versión saludable de los tacos de pescado fritos que normalmente se encuentran en los menús. Siendo un pez que puede prepararse a la parrilla, el atún tiene un sabor carnoso y un color rico y profundo. Servido en tortillas suaves, el atún recibe un tratamiento especial con una sabrosa salsa de mango, cebolla roja y chipotle. Siempre tengo un poco de la crema de chipotle en mi refrigerador y la utilizo en ensaladas y sándwiches.

RINDE 4 PORCIONES

crema de chipotle:

3 cucharadas de jugo fresco de limón amarillo

2 chiles chipotles en adobo, sin semillas y picados, más ½ cucharadita del adobo

3 dientes de ajo, picados muy finamente

½ cucharadita de comino molido

1 recipiente de 7 onzas de yogur griego natural descremado (2%)

sal kosher

pimienta negra recién molida

salsa:

1 mango, pelado, la fruta separada de la semilla y cortada en cubos de ½ pulgada (alrededor de 1½ taza)

6 cebolletas —las partes blancas y las verde claro— cortada en rodajas finas

½ taza de cilantro fresco, picado

1 cucharada de jugo de naranja

sal kosher

pimienta negra recién molida

2 aguacates Hass maduros, partidos por la mitad, sin semilla, pelados y cortados en cubos de ½ pulgada

atún:

1 cucharada de comino molido

1 cucharada de chile en polvo

¼ de cucharadita de sal kosher

¼ de cucharadita de pimienta negra recién molida

1 libra de filete de atún de calidad sushi (1½ pulgada de grosor)

1 cucharada de aceite de oliva

4 tortillas (de 8 pulgadas) de trigo integral o multigrano

1. Para hacer la crema, mezcla el jugo de limón amarillo, los chiles, el ajo y el comino juntos en un procesador de alimentos para hacer una pasta. Añade el yogur y usa la función de pulso para mezclar los ingredientes hasta que estén bien combinados. Sazona con sal y pimienta al gusto. Si lo deseas, pasa la crema a una botella plástica con dosificador.

2. Para hacer la salsa, mezcla el mango, la cebolleta, el cilantro y el jugo de naranja en un recipiente mediano. Sazona con sal y pimienta. Revuelve bien. Deja reposar mientras preparas el atún.

3. Para preparar el atún, mezcla el comino, el chile en polvo, la sal y la pimienta en un recipiente pequeño. Unta el atún con ½ cucharada de aceite de oliva y luego cúbrelo con la mezcla de especias. Déjalo reposar durante 15 minutos.

4. Mientras tanto, precalienta el horno a 200°F. Una a la vez, calienta las tortillas en una sartén seca a fuego medio por unos 45 segundos, volteándolas con frecuencia, hasta que estén calientes y flexibles. Apila las tortillas en una bandeja para hornear, cúbrelas con papel aluminio y mantenlas calientes en el horno hasta que sea el momento de servir.

5. Unta ligeramente una sartén para asar o sartén de hierro fundido con el aceite de oliva restante y caliéntala a fuego alto. Echa el atún y cocínalo por unos 6 minutos para que quede a punto, dándole vueltas a los 3 minutos, hasta que se dore por ambos lados. Pasa el atún a una tabla para cortar y déjalo reposar durante 3 minutos. Con un cuchillo, córtalo en contra de la veta en trozos de ½ pulgada de grosor.

6. Revuelve suavemente el aguacate en la mezcla de naranja para terminar la salsa. Si lo deseas, pon la crema en un dispensador de condimento plástico. Para cada taco, coloca una tortilla en un plato y pon trozos de atún en una mitad de la misma. Cubre con 3 cucharadas generosas de salsa y encima echa la crema con una cuchara (o un chorro, si la pusiste en la botella plástica). Dobla el taco por la mitad y sirve caliente.

tilapia asada al estilo costarricense con piña, frijoles negros y arroz

Para mí, Costa Rica significa océano, selva y «gallo pinto», un favorito nacional. El plato se llama así porque los frijoles parecen pintas en el arroz blanco. Para esta comida que se prepara toda en una misma olla, el pescado se marina en jugo de naranja y luego se hornea sobre una cama de arroz blanco, frijoles negros, tomates y piñas.

RINDE 4 PORCIONES

1 taza de arroz blanco de grano largo

2 tazas de caldo de pollo bajo en sodio

¼ de taza de jugo de naranja

2 cucharadas de jugo fresco de limón

2 cucharadas de aceite de oliva

¼ de taza de cilantro fresco, y algo más para decorar, picado finamente

2 dientes de ajo, picados muy finamente

1 cucharadita de azúcar

sal kosher

pimienta negra recién molida

4 filetes de tilapia de 5 a 7 onzas, lavados y secados con toalla de papel

2 tazas de salsa mexicana de tomate casera o comprada

1 lata de 15 onzas de frijoles negros, enjuagados y escurridos

2 tazas de piña fresca, picada en cubos

2 limones, cortados en rodajas finas

1. Precalienta el horno a 400°F.

2. Mezcla el arroz y el caldo de pollo en una olla a fuego medio y calienta hasta que hierva. Deja cocer hasta que el líquido esté por debajo de la superficie del arroz y se formen túneles en él. Reduce el fuego a bajo y tapa. Deja cocer por aproximadamente 20 minutos hasta que el arroz esté tierno.

3. Mezcla el jugo de naranja, el jugo de limón, el aceite, 2 cucharadas de cilantro, el ajo y el azúcar en un recipiente mediano no reactivo. Sazona con sal y pimienta. Añade los filetes de tilapia al adobo, dándoles vuelta para cubrirlos por completo. Cubre y refrigera durante 20 minutos, dando vuelta a la tilapia de vez en cuando en la marinada.

4. Mezcla el arroz cocido, la salsa, los frijoles, la piña y las 2 cucharadas restantes de cilantro en una fuente para hornear de 2 a 3 cuartos de galón. Retira la tilapia de la marinada, reservando el adobo, y coloca el pescado sobre la mezcla de arroz, superponiéndolo si fuera necesario. Vierte el adobo restante sobre el pescado. Pon las rodajas de limón encima. Hornea por unos 25 a 30 minutos hasta que el pescado esté cocido, lo que puedes verificar al partirlo un poco en la parte más gruesa con la punta de un cuchillo. Espolvorea con el cilantro picado y sirve caliente.

ceviche de atún latino-asiático

Me encanta la combinación de sabores latinos y asiáticos, porque se complementan entre sí de manera única. Por ejemplo, el mirin (vino de arroz) mejora el sabor de la crujiente jícama. El atún puede ser reemplazado con camarón, cangrejo o filetes de pescado. Para una presentación impresionante en fiestas, pongo porciones individuales de ceviche en cucharas en una bandeja.

RINDE 4 PORCIONES

1 filete de atún de calidad sushi de 8 onzas, cortado en cubos de ½ pulgada

¼ de taza de jugo de naranja

2 cucharadas de jugo fresco de limón amarillo

2 cucharadas de jugo fresco de limón

2 cucharadas de salsa de soya

2 cucharadas de mirin

1 cucharadita de aceite de ají picante

1 cucharadita de jengibre fresco rallado

¼ de cucharadita de sal kosher

½ jícama pequeña, pelada y cortada en cubos de ½ pulgada (aproximadamente 2 tazas)

1 lata de 8¼ onzas de mandarinas, enjuagadas y escurridas

1 taza de tomates cherry cortados a la mitad

¼ de taza de cebolla roja, cortada en rodajas finas

1. Mezcla el atún, el jugo de naranja, el jugo de limón amarillo y el jugo de limón en un recipiente grande no reactivo. Cubre y refrigera por unos 25 minutos hasta que el pescado se cueza y luego cuélalo.

2. Mezcla la salsa de soya, el mirin, el aceite de ají, el jengibre y la sal en un recipiente grande. Añade el atún, la jícama, las mandarinas, el tomate y la cebolla. Cubre y refrigera hasta que se enfríe, por lo menos 1 hora pero no más de 4 horas. Echa el ceviche en pocillos pequeños o en cucharas y sirve.

pargo rojo (huachinango) al estilo veracruz

Hay un sinfín de versiones de este plato mexicano de la costa de Veracruz, rica en peces y mariscos. Aunque a mí me gusta con una mezcla del nuevo mundo (tomates y chiles mexicanos) y del viejo mundo (alcaparras y aceite de oliva), te animo a adaptar esta receta a tu gusto. Las pasas no son parte de la receta tradicional, pero me gusta el toque de una pizca de dulce entre la sal y el sabor agrio.

RINDE 4 PORCIONES

aceite en aerosol para cocinar

2 cucharadas de aceite de oliva

½ cebolla blanca, picada finamente

3 dientes de ajo, picados muy finamente

1 lata (28 onzas) de tomates en cubos San Marzano

⅓ de taza de aceitunas verdes, sin semillas y picadas

3 cucharadas de perejil de hoja plana fresco, picado finamente

2 cucharadas de pasas doradas

1 cucharada de alcaparras

1 cucharada de orégano fresco, picado finamente

3 hojas de laurel

1 chile jalapeño, sin semillas y picado finamente

½ cucharadita de sal

4 filetes de pargo rojo (6 onzas)

1. Precalienta el horno a 425°F. Rocía un molde para hornear de 9x3 pulgadas con aceite en aerosol para cocinar.

2. Calienta el aceite en una sartén antiadherente grande a fuego medio. Echa la cebolla y el ajo y cocina por unos 8 minutos, revolviendo ocasionalmente, hasta que la cebolla esté tierna. Agrega los tomates, las aceitunas, el perejil, las pasas, las alcaparras, el orégano, las hojas de laurel, el chile jalapeño y la sal, y calienta hasta que hierva. Reduce el fuego y cocina a fuego lento por unos 10 minutos aproximadamente, revolviendo frecuentemente, hasta que los sabores se mezclen y la salsa comience a hacer burbujas y espese un poco.

3. Esparce la mitad de la salsa uniformemente sobre el fondo del molde para hornear. Coloca los filetes sobre la salsa. Vierte la salsa restante uniformemente sobre los filetes. Hornea por 12 a 15 minutos, sin tapar, hasta que la salsa esté burbujeante y el pescado esté cocido en el centro.

CHICA TIP

! Haz una tanda doble de la salsa y refrigérala o congélala para usarla en verduras cocidas al vapor o con huevos revueltos o escalfados.

tilapia rebozada en chile y maíz con salsa de banana y curry

Cuando una amiga mía se puso a dieta se aburrió, por supuesto, de lo que comía. Yo estaba decidida a demostrarle que la comida saludable no tiene que ser desabrida e ideé esta preparación llena de sabor. Ella no podía creer lo bien que sabía. Esta es una de mis recetas favoritas para preparar pescado. Ya sea que estés cuidando tu peso o no, conviértela en una de las tuyas también.

RINDE 4 PORCIONES

salsa:

1½ cucharadita de aceite de oliva

2 cucharadas de vinagre de vino de arroz

2 bananas pequeñas maduras, cortadas en trozos de 1 pulgada

½ taza de cebolla dulce, como la Vidalia, picada finamente

3 cucharadas de chalote, picado finamente

2 dientes de ajo, picados finamente

1 cucharada más 1½ cucharadita de curry en polvo

2 cucharaditas de semillas de cilantro en polvo

1½ taza de caldo de pollo bajo en sodio

tilapia:

aceite en aerosol para cocinar

½ taza de harina de maíz amarilla

1 cucharadita de pimentón dulce en polvo

1 cucharadita de ají en polvo

una pizca de sal kosher

4 filetes de tilapia de 4 a 5 onzas, lavados y secados con toallas de papel

cilantro fresco picado, para servir

ralladura fresca de 1 limón amarillo, para servir

1. Para hacer la salsa, calienta el aceite en una sartén antiadherente mediana a fuego medio hasta que brille pero no eche humo. Añade el vinagre de vino de arroz, las bananas, la cebolla, el chalote, el ajo, el curry y el cilantro en polvo y cocina por alrededor de 1 minuto, revolviendo ocasionalmente, hasta que la mezcla esté fragante. Agrega el caldo y calienta hasta que hierva. Reduce el fuego a bajo y cocina por aproximadamente 5 minutos hasta que la cebolla esté tierna. Deja enfriar un poco. En tandas, haz puré la mezcla en una licuadora con la tapa entreabierta. Vuelve a echarla a la sartén y mantenla caliente a fuego muy bajo.

2. Coloca la rejilla del horno a 4 pulgadas de la fuente de calor y precalienta el horno.

3. Cubre una bandeja para asar con papel aluminio y rocía con aceite en aerosol. Mezcla la harina de maíz, el pimentón en polvo, el ají en polvo y la sal en un plato. Cubre el pescado uniformemente con la mezcla de harina de maíz, sacude el exceso, y colócalo en la bandeja para asar. Rocía los filetes con aceite.

4. Asa por unos 4 minutos hasta que la parte superior de los filetes de pescado esté dorada. Dales vuelta con cuidado y ásalos por unos 4 minutos más hasta que el otro lado se dore.

5. Sirve un filete en cada plato. Cubre cada porción con salsa de curry y decora con el cilantro picado y un poco de ralladura de limón amarillo. Sirve inmediatamente.

sobres de pargo de cola amarilla súper fáciles

El pargo de cola amarilla es un pescado delicioso de carne roja y textura suave. Considerado por muchos como el más sabroso de la familia del pargo, este pez tiene un dulzor suave que puede ser fácilmente opacado por el exceso de condimentos. Para mantener su delicioso sabor natural, lo sazono con nada más que perejil, orégano y limón.

RINDE 2 PORCIONES

¼ de taza de perejil de hoja plana fresco, y un poco más para decorar, picado

ralladura fresca de 1 limón amarillo

1 cucharada de jugo fresco de limón amarillo

1 cucharada de hojas de orégano fresco, picado finamente

1 chile jalapeño, sin semillas y picado

1 cucharadita de alcaparras

1 cucharadita de salsa inglesa

1 diente de ajo, picado finamente

1 calabacín pequeño, cortado en rodajas de ½ pulgada

1 calabacín italiano amarillo, cortado en rodajas de ½ pulgada

2 filetes de 6 onzas de pargo de cola amarilla o mero

½ cucharadita de sal kosher

1 limón amarillo, cortado en 6 rodajas

2 cucharaditas de aceite de oliva

1. Precalienta el horno a 400°F.

2. Revuelve el perejil, la ralladura y el jugo de limón amarillo, el orégano, el chile jalapeño, las alcaparras, la salsa inglesa y el ajo en un recipiente mediano hasta que se mezclen.

3. Corta dos piezas de 16x13 pulgadas de papel para hornear. Dobla cada una por la mitad, verticalmente, para obtener lados de 8x13 pulgadas. Corta cada una en forma de medio corazón, con el pliegue como el centro del corazón. Desdobla.

4. Para cada porción, coloca la mitad del calabacín y el calabacín italiano amarillo en un corazón de pergamino cerca del pliegue, espolvorea con una cuarta parte de la mezcla de perejil y encima pon un filete de pargo de cola amarilla. Sazona con sal. Cubre con otra cuarta parte de la mezcla de perejil y 3 rodajas de limón amarillo. Rocía con 1 cucharadita de aceite. Unta con una brocha los bordes exteriores del papel para hornear con aceite de oliva; luego dobla el papel para recrear el medio corazón y junta muy bien los lados abiertos, doblando firmemente más o menos a cada pulgada para sellar herméticamente el sobre.

5. Hornea por unos 15 minutos hasta que los sobres de pergamino se inflen y puedas oír los jugos chisporroteando al interior.

6. Con una espátula ancha, transfiere cada sobre a un plato. Abre cuidadosamente los sobres, espolvorea el contenido con perejil y sirve enseguida.

sobres de salmón con naranja y orégano

Cocinar pescados, pollo y verduras en papel para hornear es una técnica que es pasada por alto demasiado a menudo por los cocineros caseros. Todo lo que tienes que hacer es poner los ingredientes en un pedazo de papel para hornear, cerrarlo herméticamente y meterlo al horno. Una vez cocidos, pon el sobre en un plato y corta el papel para abrirlo. Los aromas y sabores frescos se levantarán inmediatamente. Lo mejor de todo es que deja muy pocas cosas para limpiar. Simplemente tira el papel para hornear al basurero cuando hayas terminado. Una vez que hayas probado este método, podrás adaptarlo a camarones, vieiras y trozos de pollo. Si no tienes papel para hornear a mano, usa papel aluminio.

RINDE 2 PORCIONES

1 bulbo pequeño de hinojo con hojas, sin centro, cortado en rodajas finas, reservando las hojas

2 filetes de 6 onzas de salmón sin piel

sal kosher

pimienta negra recién molida

2 zanahorias, peladas y cortadas en diagonal en trozos de ½ pulgada

½ libra de espárragos grandes, cortados en diagonal en trozos de 1 pulgada

½ taza de jugo de naranja fresco

ralladura de 1 naranja

6 cucharadas, más 2 cucharadas, de hojas de albahaca fresca, picada

1 diente de ajo, picado muy finamente

2 cucharadas de hojas frescas de hinojo (las hojas como de eneldo que están en el bulbo de hinojo), picadas

2 cucharaditas de aceite de oliva

1. Precalienta el horno a 400°F.

2. Corta dos piezas de 16x13 pulgadas de papel para hornear. Dobla cada una por la mitad verticalmente, de manera que tengas lados de 8x13 pulgadas. Corta cada una en forma de medio corazón, con el pliegue en el centro del corazón. Desdobla.

3. Para cada porción, coloca la mitad de las rebanadas de hinojo en un corazón de pergamino, cerca del pliegue. Encima, pon un filete de salmón y sazona con sal y pimienta. Rodea el salmón con la mitad de las zanahorias y los espárragos. Mezcla el jugo y la ralladura de naranja, 6 cucharadas de albahaca y el ajo, y sazona con sal y pimienta. Vierte la mitad de la mezcla de manera uniforme sobre el salmón. Encima echa la mitad de las hojas de hinojo picadas. Unta con una brocha los bordes exteriores de pergamino con aceite de oliva; luego dobla el pergamino para recrear el medio corazón y junta muy bien los lados abiertos, doblando firmemente más o menos a cada pulgada para sellar herméticamente el paquete.

4. Hornea de 10 a 13 minutos hasta que los sobres se hinchen y puedas oír los jugos chisporrotear en el interior. Usando una espátula ancha, transfiere cada sobre a un plato. Abre cuidadosamente los sobres, espolvorea el contenido con la albahaca restante y las hojas de hinojo y sirve inmediatamente.

CHICA TIP

! ■ Prueba esta técnica con mero, bacalao, platija o lenguado. En lugar de las zanahorias y los espárragos antes mencionados, usa guisantes de vaina comestible, calabacín amarillo —o calabaza amarilla— cortado en rodajas finas, champiñones cortados en láminas o tomates cherry.

salmón al vapor con mirin y ajo

Aquí hay un giro latino-asiático para una preparación de pescado simple. Mirin es un vino de bajo contenido alcohólico de color pálido hecho de arroz. Búscalo en los supermercados comunes o asiáticos.

RINDE 4 PORCIONES

4 filetes de 6 onzas de salmón sin piel

sal kosher

pimienta negra recién molida

1 cucharada de aceite de oliva

1 cebolla amarilla mediana, cortada en rodajas finas

4 dientes de ajo, picados muy finamente

2 cucharadas de mirin

2 cucharadas de agua

2 tazas de cilantro fresco, picado en trozos grandes

Rodajas de limón, para servir

CHICA TIP

Cuando compres salmón, presta mucha atención a las señales que se colocan en el hielo con el pescado. El salmón de criadero es a menudo coloreado artificialmente y lo debería decir en el letrero. Si no, pregunta. Y no lo compres.

1. Sazona ambos lados de los filetes de salmón con sal y pimienta y reserva.

2. Calienta el aceite de oliva en una sartén muy grande a fuego medio-alto. Echa la cebolla y el ajo y cocina de 6 a 8 minutos, revolviendo con frecuencia, hasta que las cebollas estén suaves y comiencen a dorarse. Añade 1 cucharada de mirin, revuelve, raspando los pedacitos dorados en la sartén con una cuchara de madera, y cocina por aproximadamente 30 segundos hasta que el mirin se haya evaporado. Reduce el fuego a medio. Coloca los filetes de salmón uno junto al otro en la sartén. Agrega el resto del mirin y suficiente agua para cubrir apenas el fondo de la sartén (aproximadamente 2 cucharadas). Calienta hasta que hierva, tapa la sartén y reduce el fuego a bajo. Cocina suavemente de 8 a 10 minutos hasta que el salmón esté casi cocido por completo con el centro color rosa cuando lo partas suavemente en la parte más gruesa con la punta de un cuchillo.

3. Espolvorea con el cilantro. Transfiere cada filete de salmón con ¼ de la salsa de la sartén a un plato. Sirve caliente, con las rodajas de limón.

ciao pescao

camarones ahumados con chipotle

Los chiles chipotle enlatados son mi ingrediente secreto cuando quiero darle un impulso de sabor a mi cocina. Su gustillo ahumado, picante y avinagrado le dan sabor a casi cualquier plato. Tengo siempre latas de chipotle en adobo en mi despensa. Esta sencilla preparación de camarones estará en la mesa en un dos por tres.

RINDE 6 PORCIONES

aceite en aerosol para cocinar

2 tomates grandes, cortados en cuartos

1 cebolla mediana, cortada en cuartos

2 dientes de ajo

3 chiles chipotles en adobo y 1 cucharada de adobo

1 libra de camarones grandes, pelados y desvenados, dejando las colas

½ cucharadita de sal kosher

½ cucharadita de pimienta negra recién molida

2 cucharadas de aceite de oliva

⅓ de taza de vino blanco seco, como el pinot grigio

¼ de taza de jugo fresco de limón

1 cucharadita de hojas de orégano fresco, picadas

¼ de taza de cilantro fresco picado, para servir

1. Para hacer la salsa, coloca la rejilla para asar a unas 5 pulgadas de la fuente de calor y precalienta el asador.

2. Rocía la bandeja para asar con aceite en aerosol. Coloca en ella los cuartos de tomate y cebolla y el ajo. Rocía las verduras con aceite en aerosol. Asa por unos 8 a 10 minutos, revolviendo ocasionalmente, hasta que las verduras se ablanden y estén carbonizadas alrededor de los bordes. Deja enfriar durante 10 minutos.

3. Echa los tomates, la cebolla y el ajo en un procesador de alimentos. Agrega los chipotles y el adobo y haz puré la mezcla.

4. Mientras tanto, rocía una sartén antiadherente grande con aceite en aerosol y calienta a fuego medio-alto. Sazona los camarones con sal y pimienta. Échalos a la sartén y cocina por alrededor de 3 a 5 minutos, revolviendo ocasionalmente, hasta que estén cocidos en el centro. Pásalos a un plato.

5. Añade el aceite de oliva a la sartén y calienta a fuego medio. Agrega el puré de chipotle, el vino y el jugo de limón y calienta hasta que hierva. Reduce el fuego a medio-bajo y cocina por unos 10 minutos, revolviendo ocasionalmente, hasta que la salsa esté ligeramente espesa. Vuelve a echar los camarones a la sartén, agrega el orégano y cocina por alrededor de 1 minuto hasta que los camarones se recalienten. Sazona al gusto con sal y pimienta. Retira del fuego, agrega el cilantro y sirve caliente.

cocido de camarones al limón

Mi versión latina del tradicional cocido de camarones de Nueva Inglaterra lleva este clásico a otro nivel. Uso limón, chorizo de Colombia, cilantro y chile jalapeño para darle un sabor totalmente superior. En Nueva Inglaterra, el líquido de cocción suele desecharse, pero el caldo en este plato es tan delicioso que ahora también lo sirvo. Mi presentación favorita es cubrir la mesa con hojas de plátano o palma, colar los camarones, salchichas y verduras y apilarlos sobre la mesa. Conserva el caldo caliente en una olla grande u otro recipiente y sírvelo en platos hondos o tazones.

RINDE 6 PORCIONES

dip:

1 taza de mayonesa (normal o liviana)

½ taza de mostaza de Dijon

2 cucharaditas de miel

1 cucharadita de salsa Inglesa

cocido:

4 tazas de caldo de mariscos comprado en la tienda

2 tazas de agua

1 cebolla amarilla mediana, cortada en cuartos

1 atado de ramitas de cilantro, amarrado con hilo para cocinar

¼ taza de jugo fresco de limón

4 dientes de ajo, pelados y majados con un cuchillo

1 chile jalapeño, sin semillas y cortado en cuartos

2 cucharaditas de Adobo Delicioso (página 8)

1 cucharaditas de sal kosher

1 hojas de laurel

1½ libra de papas rojas pequeñas

¾ de libra de Andouille o chorizo colombiano pre-cocido u otra salchicha, cortada en trozos de 2 pulgadas

2 mazorcas de maíz, sin cáscara y cortadas en tres

1½ libra de camarones jumbo, pelados y desvenados

cuñas de limón, para servir

¼ taza de cilantro fresco, picado

salsa de ají rojo picante, para servir

1. Para hacer el dip, revuelve los ingredientes en un recipiente pequeño hasta que se mezclen. Cubre con papel plástico y refrigera hasta que esté listo para servir.

2. Pon a hervir el caldo, el agua, la cebolla, el atado de cilantro, el jugo de limón, el ajo, el chile jalapeño, el Adobo Delicioso, la sal y las hojas de laurel en una olla grande. Hierve durante 10 minutos.

3. Añade las papas y cuece por unos 15 minutos hasta que estén casi tiernas. Agrega la salchicha y el maíz y cocina por unos 10 minutos más hasta que las papas estén tiernas. Retira del fuego y agrega los camarones. Tapa la olla y deja reposar por 3 minutos o hasta que los camarones adquieran un color rosado. Desecha el atado de cilantro.

4. Usando una cuchara calada o una espumadera de metal, transfiere las papas, los camarones, la salchicha y el maíz a un plato grande y agrega las cuñas de limón. Espolvorea el cilantro picado. Sirve el caldo en platos de sopa. Vierte el dip en ramequines pequeños individuales. Sirve la mezcla de camarones caliente, con el dip y la salsa picante a un lado.

fideuà (paella de fideos)

La *fideuà*, una especialidad regional de Cataluña, usa pastas finas para la paella en lugar de arroz. Los fideos primero se doran y luego se añaden todos los demás ingredientes y un caldo de azafrán. Esta receta utiliza mejillones y calamares pero no dudes en sustituirlos con camarones, almejas y chorizo.

2 cucharadas de aceite de oliva

12 onzas de pasta cabello de ángel de trigo entero, partida en cuartos

1 cebolla amarilla grande, picada finamente

4 dientes de ajo, picados muy finamente

1 lata de 14,5 onzas de tomates picados en jugo

1⅔ taza de caldo de mariscos comprado en la tienda

⅓ de taza de jerez seco o vino blanco seco, como el pinot grigio

1 cucharadita de pimentón dulce en polvo, preferiblemente español

½ cucharadita de hebras de azafrán, majadas

⅛ de cucharadita de canela en polvo

2½ docenas de mejillones, lavados y sacándoles la barba, si fuera necesario

1 libra de calamares frescos o congelados, descongelados, limpios y cortados en anillos de ½ pulgada

1 taza de guisantes congelados, descongelados

2 cucharadas de perejil de hoja plana fresco, picado

½ cucharadita de sal kosher

¼ de cucharadita de pimienta negra recién molida

cuartos de limón amarillo, para servir

1. Calienta el aceite en una paellera o sartén grande de un diámetro de 12 a 14 pulgadas a fuego medio. Echa la pasta y cocina por aproximadamente 2 minutos, girando a menudo con pinzas de cocina, hasta que empiece a dorarse.

2. Empuja la pasta a un lado de la sartén. Agrega la cebolla y el ajo en el lado limpio de la sartén y cocina por unos 5 minutos, revolviendo ocasionalmente, hasta que estén tiernos. Mezcla la pasta con las verduras. Añade los tomates con su jugo, el caldo, el jerez, el pimentón, el azafrán y la canela y calienta hasta que hierva. Agrega los mejillones, los calamares, los guisantes y el perejil. Reduce el fuego a medio-bajo y tapa.

3. Cocina por unos 8 a 10 minutos a fuego lento hasta que la pasta esté a punto, los mejillones comiencen a abrirse y los calamares estén cocidos. Retira del fuego y desecha los mejillones que no se abrieron. Sazona con sal y pimienta. Sirve caliente de la sartén con los cuartos de limón amarillo.

paella fácil de camarones y vieiras

Al hacer paella, «fácil» no es la primera palabra que se viene a la cabeza. Mi receta va a cambiar tu manera de pensar. Esta versión fácil te hará ver como un chef profesional.

RINDE 6 PORCIONES

6 tazas de caldo de pollo bajo en sodio

3 cucharadas de aceite extra virgen de oliva

1 cebolla mediana, picada

4 dientes de ajo, picados finamente

1 pimiento rojo, sin semillas, sin nervaduras y cortado finamente

1 pimiento verde, sin semillas, sin nervaduras y cortado finamente

1 cucharadita de hebras de azafrán español

4 chorizos españoles curados en seco (aproximadamente 6 onzas), cortados en rodajas

1½ taza de arroz blanco

1 lata (10 onzas) de tomates picados en cubos, con chiles

3 cucharadas de pasta de tomate

2 libras de camarones grandes crudos, pelados

1 libra de vieiras de mar, secadas con toalla de papel

sal kosher

pimienta negra recién molida

⅓ de taza de hojas de perejil de hoja plana, picadas, para servir

cuartos de limón amarillo, para servir

1. En una olla mediana, calienta el caldo de pollo hasta que hierva.

2. Calienta el aceite en otra sartén grande o paellera a fuego medio-alto. Cuando el aceite esté caliente, echa la cebolla, los ajos, los pimientos, el azafrán y el chorizo. Cocina por unos 6 minutos o hasta que las verduras estén blandas y el chorizo se haya dorado.

3. Añade el arroz, los tomates picados y la pasta de tomate, revolviendo hasta que esté bien mezclado y deja cocer por 5 minutos. Agrega el caldo de pollo hirviendo, poco a poco, revolviendo constantemente en cada incorporación hasta que el caldo se haya absorbido casi por completo. Sazona con sal y pimienta al gusto.

4. Cubre la sartén o paellera con papel aluminio, reduce el fuego a medio-bajo y deja cocer durante 20 a 25 minutos, hasta que el arroz esté tierno.

5. Sazona con sal y pimienta los camarones y las vieiras. Quita el papel aluminio de la sartén y añade los mariscos. Cubre de nuevo con papel aluminio y deja cocer a fuego lento de 5 a 7 minutos hasta que los mariscos estés cocidos.

6. Decora con el perejil picado y los cuartos de limón amarillo antes de servir.

trucha salteada con salsa criolla peruana

En Perú, este plato se llama trucha a la criolla. La criolla es una salsa que muy a menudo se sirve con pescado. Está hecha a base de tomate y cebolla ligeramente encurtidos en una vinagreta de ají amarillo y limón. El remojar las cebollas crudas en agua por unos diez minutos elimina parte del gusto fuerte, pero deja suficiente de su sabor.

RINDE 4 PORCIONES

1 cebolla roja grande, cortada en finas medialunas

1½ cucharadita de sal kosher

1 tomate pequeño, picado

¼ taza de jugo fresco de limón

¼ taza de cilantro fresco, picado

2 cucharadas de vinagre blanco destilado

¾ de cucharadita de pasta de ají amarillo

1 cucharadita de aceite de oliva

1 cucharada de mantequilla sin sal

4 filetes de trucha de 6 onzas, con piel

½ cucharadita de pimienta negra recién molida

1. Pon la cebolla en un recipiente grande y espolvorea con 1 cucharadita de sal. Añade suficiente agua para cubrir. Deja reposar por 10 minutos. Cuélala, enjuágala bajo agua fría corriendo, cuélala de nuevo y sécala.

2. Vuelve a poner la cebolla en el recipiente. Añade el tomate, el jugo de limón, el cilantro, el vinagre y la pasta de ají amarillo. Deja reposar durante 15 minutos.

3. Calienta el aceite y la mantequilla en una sartén antiadherente grande a fuego medio-alto. Espolvorea la trucha con la ½ cucharadita de sal restante y la pimienta. Echa la trucha a la sartén con la piel hacia abajo y cocina por unos 5 minutos hasta que la piel esté crujiente. Dale vuelta y cocina por aproximadamente 2 minutos hasta que la carne de la trucha esté ligeramente dorada y cocida cuando la partas ligeramente en el centro con la punta de un cuchillo (da vuelta a la trucha para comprobarlo).

4. Pasa la trucha, con la piel hacia abajo, a una fuente para servir. Vierte la mezcla de cebolla encima y sirve inmediatamente.

bacalao rebozado en coco y almendra

He aquí una preparación minimalista que habla a mi creencia de que cuando se trata de pescado, menos es más. Los filetes de pescado a menudo se sumergen en huevo, luego se cubren de harina, se sumergen de nuevo en huevo, luego en pan rallado y finalmente se fríen en aceite. Para una versión latina más liviana, sumerjo los filetes de bacalao en leche de coco y luego los rebozo en una harina hecha de hojuelas de coco y almendras, y los horneo hasta que estén crujientes.

RINDE 4 PORCIONES

aceite en aerosol para cocinar

¾ de taza de almendras laminadas

½ taza de coco rallado

¼ de taza de leche de coco sin endulzar (no crema de coco)

1 cucharadita de jugo fresco de limón

4 filetes de 6 onzas de bacalao

½ cucharadita de sal kosher

cuñas de limón, para servir

1. Precalienta el horno a 425°F.

2. Rocía una fuente para hornear con aceite en aerosol. En un procesador de alimentos muele las almendras y el coco por unos 10 segundos con la función de pulso hasta que queden picados gruesamente. Pon la mezcla de almendras en una hoja de papel mantequilla. Revuelve la leche de coco y el jugo de limón en un molde para pastel hasta que se mezclen.

3. Espolvorea los filetes con la sal. Sumerge los filetes, uno a la vez, en la mezcla de leche de coco y luego en la mezcla de almendra, presionando para que se adhiera. Coloca los filetes en la fuente para hornear. Rocía ligeramente con aceite en aerosol.

4. Hornea unos 10 minutos, sin dar vuelta, hasta que la cobertura esté dorada y el pescado cocido, lo que puedes comprobar al pincharlo en el centro con la punta de un cuchillo. Sirve de inmediato con las cuñas de limón.

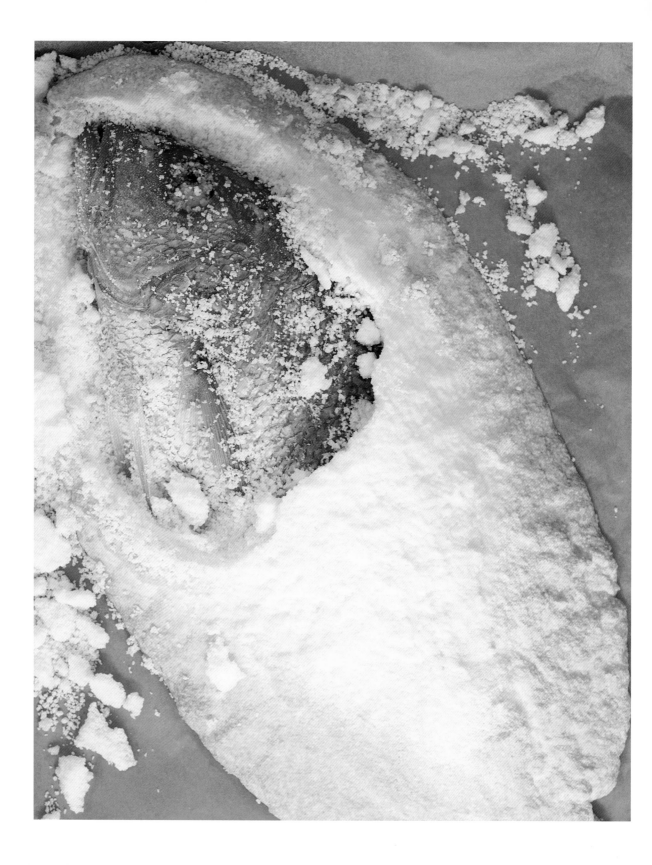

pescado entero a la sal

Tus invitados se sorprenderán cuando sirvas un pescado entero envuelto en una costra de sal en la mesa. Al romper la costra, se respirará el aroma más increíble. Y no, el pescado no estará salado en absoluto, sólo húmedo, con un toque de sabor a mar.

RINDE 4 PORCIONES

1 caja de 48 onzas de sal kosher

3 claras de huevos grandes

⅓ de taza de agua

1 limón amarillo, cortado a la mitad transversalmente

6 ramitas de perejil de hoja plana fresco

1 pargo rojo entero de 2 libras, limpio, con la cabeza y la cola intactas

aceite extra virgen de oliva, para rociar

2 cucharadas de perejil de hoja plana fresco, picado, para servir

CHICA TIP

! Si el pescado pesa más de 2 libras y media, añade 5 minutos al tiempo de cocción por cada libra adicional.

1. Precalienta el horno a 450°F. Cubre una bandeja para hornear grande con papel para hornear o papel aluminio.

2. Mezcla la sal, las claras de huevo y el agua en un recipiente grande revolviendo hasta que se forme una pasta espesa. Coloca la mitad de la mezcla de sal en la bandeja, esparciéndola en un rectángulo ligeramente más grande que el pescado.

3. Corta el limón amarillo en 4 rodajas. Rellena la cavidad del pescado con las rodajas de limón amarillo y las ramitas de perejil, luego coloca el pescado encima de la pasta de sal. Amontona la sal restante sobre el pescado, prensando y dando forma a la pasta para cubrir el pescado completamente. Asa hasta que la costra de sal se vea seca y firme, por unos 30 minutos. Saca del horno.

4. Rompe la costra con el dorso de una cuchara grande, luego retira los trozos con cuidado. Con un cuchillo afilado y un tenedor ancho, levanta los filetes superiores del pargo y pásalos a los platos en que servirás la comida. Quita y desecha las espinas y pasa los filetes restantes a los platos. Exprime sobre los filetes el jugo de la mitad de limón amarillo restante, rocía con aceite de oliva y espolvorea con el perejil picado. Sirve inmediatamente.

¡Date un gusto!
sándwich de langosta *chicalicioso*

Me puse muy feliz al enterarme de que mi sándwich de langosta *chicalicioso* estaba participando en el concurso de sándwiches de Oprah. Este sándwich ultra exquisito no es un sándwich de langosta cualquiera. Está lleno de suculenta langosta cocida cubierta ligeramente con mayonesa de chipotle, aguacate y hierbas frescas. Todo esto coronado con un cremoso huevo escalfado y tocino crujiente. Al comerlo puede causar un poco de desorden, pero ¿a quién le importa? ¡Es demasiado bueno!

RINDE 4 PORCIONES

mayonesa de chipotle:

¾ de taza de mayonesa

3 chiles chipotles en adobo, sin semillas y picados

2 dientes de ajo, picados

1 chalote, picado

1 cucharada de jugo fresco de limón amarillo

langosta:

5 hojas de albahaca fresca

3 ramitas de 3 pulgadas de estragón fresco

1 cucharadita de extracto de vainilla puro

½ cucharadita de granos de pimienta negra

4 colas de langosta en su cáscara congeladas, descongeladas

para completar el sándwich:

8 rebanadas gruesas de tocino

4 huevos grandes

1 cucharadita de vinagre blanco destilado o sidra

sal kosher

2 cucharadas de mantequilla sin sal

4 jalás o brioches, tostados

1 aguacate maduro Hass, cortado a la mitad, pelado, sin semilla y rebanado

pimienta negra recién molida

cebollino fresco, picado, para decorar

1. Para hacer la mayonesa de chipotle, mezcla la mayonesa, los chipotles, el ajo, el chalote y el jugo de limón amarillo en un procesador de alimentos hasta que estén bien mezclados.

2. Para cocer la langosta al vapor, vierte aproximadamente 2 litros de agua en una olla grande con un inserto para cocinar al vapor, asegurándote de que el agua no toque el fondo del inserto. Echa la albahaca, el estragón, la vainilla y la pimienta al agua y calienta a fuego medio hasta que hierva. Añade la langosta y tapa bien. Cuece al vapor de 8 a 12 minutos hasta que las conchas de la langosta estén de color rojo fuerte. (La langosta debe estar ligeramente cruda y transparente, ya que luego se cocerá más en mantequilla). Saca las colas de langosta de la olla y ponlas sobre una tabla para cortar. Déjalas enfriar hasta que sean fáciles de manipular. Remueve la carne de la langosta y desecha las conchas. Corta la carne de la langosta transversalmente en trozos de ½ pulgada de grosor.

3. Mientras tanto, cocina el tocino en una sartén grande a fuego medio durante unos 8 minutos, revolviendo ocasionalmente, hasta que esté crujiente y dorado. Con unas pinzas, coloca el tocino cocido en unas cuantas hojas de toalla de papel para absorber el exceso de aceite, dejando la grasa en la sartén. Deja la sartén a un lado.

4. Mientras el tocino se cocina, escalfa los huevos: llena una sartén profunda con agua, añade el vinagre y una pizca de sal y calienta hasta que hierva a fuego medio-bajo. Reduce el fuego para que el agua esté justo por debajo del punto de ebullición. Uno a la vez, rompe un huevo en un recipiente pequeño y deslízalo en el agua hirviendo. Cocina por unos 3 minutos hasta que las claras estén firmes y los centros sigan siendo suaves.

5. Con una cuchara calada, pasa los huevos escalfados a un plato cubierto con toalla de papel.

6. Añade la mantequilla a la grasa en la sartén. Revuelve a fuego medio hasta que la mantequilla se derrita. Agrega la carne de langosta, dándole vueltas para cubrirla en la grasa, y cocina aproximadamente 3 minutos hasta que esté ligeramente dorada. Para cada sándwich, unta aproximadamente 2 cucharadas de la mayonesa en un pan tostado. Pon unas rebanadas de aguacate en el fondo del pan y cubre con ¼ de la langosta y 2 rebanadas de tocino. Añade un huevo escalfado, sazona con sal y pimienta y espolvorea con el cebollino. Cubre con la mitad superior del pan y sirve inmediatamente.

frijoles de lima en romero

acompáñame

Mi problema con los acompañamientos es que por lo general son demasiado pesados, aburridos o engordan mucho. Sí, un acompañamiento no debe quitarle protagonismo al plato principal, sino complementarlo. ¡Pero eso no significa que debe ser aburrido o desabrido! Cuando la gente piensa en acompañamientos saludables, a menudo piensa en una ensalada o verduras al vapor. Eso es demasiado simple y aburrido para mí. Me gusta que mis acompañamientos tengan chispa, como el brócoli con un toque de anchoas o los plátanos horneados rebozados en perejil y chile.

Los acompañamientos correctos son fundamentales para equilibrar una comida e incorporar nutrientes muy necesarios en nuestra dieta. Come proteínas de la tierra como los frijoles y la quinua, y saludables carbohidratos complejos como el arroz integral y los tubérculos (camote y malanga). Éstos son los básicos de la cocina latina y ¡nada supera un plato de arroz con frijoles! No tienen por qué ser engordadores. Todo depende de cómo se preparen y de controlar las porciones.

Muchas de las recetas de este capítulo se pueden duplicar y congelar para usarlas en el futuro. (Los frijoles y tubérculos tienden a congelarse bien, siempre y cuando estén debidamente sellados y embalados. Marca el contenido y la fecha en los contenedores).

Estos acompañamientos son los que convertirán el pescado o pollo que acabas de traer a casa del mercado en una comida completa y satisfactoria.

gallo pinto

Esta es mi versión liviana de gallo pinto, un humilde plato de frijoles rojos y arroz servido en toda América Central. Aunque el tipo del frijol varía de país en país, de región en región, el plato se hace tradicionalmente con el arroz sobrante. Cuando se comen juntos, los frijoles y el arroz proporcionan todos los aminoácidos esenciales (los componentes básicos de las proteínas y los músculos del cuerpo) que necesitamos.

RINDE 4 PORCIONES

2 cucharadas de aceite de oliva

2 cebollas amarillas grandes, cortadas finamente

2 dientes de ajo, picados muy finamente

2 tazas de arroz blanco cocido

1 lata de 15½ onzas de frijoles rojos, enjuagados y escurridos

¼ de taza de caldo de pollo bajo en sodio

1 cucharadita de comino molido

sal, al gusto

pimienta, al gusto

¼ de taza de cilantro fresco, picado

1. Calienta el aceite en una olla grande a fuego medio-alto. Echa las cebollas y el ajo y cocina unos 5 minutos, revolviendo ocasionalmente, hasta que las cebollas estén doradas y tiernas. Agrega, revolviendo, el arroz, los frijoles, el caldo, el comino, la sal y la pimienta y calienta hasta que hierva. Reduce el fuego a medio-bajo y deja cocer de 5 a 7 minutos, revolviendo ocasionalmente, hasta que los sabores se mezclen. Retira del fuego. Añade, revolviendo, el cilantro y sirve caliente.

arroz con lentejas y cebollas caramelizadas

Gran parte de la cocina latina tiene sus orígenes en el Oriente Medio, cuyas recetas fueron primero llevadas a España por los moros y luego a otras partes del imperio español. Mujaddara, elaborado con lentejas y arroz y cubierto con cebolla caramelizada, es uno de esos platos. Es un gran sustituto de la proteína animal.

RINDE DE 4 A 6 PORCIONES

1 cucharada de mantequilla sin sal

2 cucharadas de aceite de oliva

1 cebolla mediana, cortada finamente

1 cucharadita de azúcar

sal kosher

pimienta negra recién molida

1½ taza de arroz blanco de grano largo

2 dientes de ajo, picados muy finamente

¾ de taza de lentejas secas

4¼ tazas de agua

¼ de cucharadita de comino molido

1. Derrite la mantequilla con 1 cucharada de aceite en una sartén mediana a fuego lento. Añade la cebolla, el azúcar y un poco de sal y pimienta. Cocina de 20 a 25 minutos hasta que las cebollas estén de color marrón oscuro y pegajosas, revolviendo cada 4 o 5 minutos.

2. Calienta la cucharada restante de aceite en una olla a fuego medio. Echa el ajo y cocina de 30 segundos a 1 minuto, revolviendo, hasta que estén fragantes. Añade las lentejas, el agua y el comino. Aumenta el fuego a medio-alto y calienta hasta que hierva. Reduce el fuego a bajo, tapa y cocina durante 15 minutos. Destapa y aumenta el fuego a medio-alto. Agrega el arroz y calienta hasta que hierva. Reduce el fuego a bajo, tapa y cocina por unos 20 minutos más hasta que el arroz esté tierno y haya absorbido todo el líquido. Sirve con las cebollas caramelizadas.

frijoles de lima en romero

Los frijoles de lima son una buena fuente de fibra dietética y una fuente de proteínas de alta calidad virtualmente libre de grasa. A este plato rápido y saludable se le da más sabor con romero, ajo y vinagre de champán, lo que lo hace un gran acompañamiento que va bien con las chuletas de cerdo.

RINDE DE 4 A 6 PORCIONES

1 cabeza de ajo asado (ver *Chica Tip* página 56)

½ cebolla dulce grande, como la Vidalia, cortada en trozos de 2 pulgadas

2 ramitas de 3 pulgadas de romero fresco

aceite de oliva

sal kosher

pimienta negra recién molida

2 latas de 15 onzas de frijoles de lima

1 cucharada de vinagre de champán

1. Precalienta el horno a 375°F.

2. Corta el cuarto superior del ajo y retira la piel suelta. Coloca la cabeza de ajo, con la parte cortada hacia arriba, en un cuadrado de papel aluminio de 12 pulgadas. Agrega la cebolla, una ramita de romero y un chorrito de aceite de oliva, sazona con sal y pimienta al gusto. Envuelve el ajo en el papel aluminio y colócalo en una bandeja para hornear. Hornea por aproximadamente 50 minutos hasta que el ajo esté muy tierno. Deja enfriar hasta que se pueda manipular.

3. Mientras tanto, escurre 1 lata de frijoles en un colador metálico y enjuágalos con agua fría. Pásalos a una olla mediana y agrega los frijoles restantes con su líquido. Pica las hojas de romero restante y échaselas a los frijoles. Pon a hervir a fuego medio, reduce el fuego a medio-bajo y deja cocer por unos 7 minutos hasta que los frijoles estén calientes.

4. Exprime la mitad de los dientes de ajo asados, la cebolla asada y el vinagre en la olla donde están los frijoles y revuelve. Sazona con sal y pimienta. Sirve caliente.

papas asadas al chipotle con sal y vinagre

A mí me encantan los chips con sal y vinagre, pero a mi cintura no. En lugar de freírlas, horneo trozos de papa Russet rebozados con sal kosher, chipotle en polvo, vinagre y un poco de aceite de oliva para obtener esos mismos sabores, pero con menos calorías. ¡Esta receta satisface mi antojo!

RINDE DE 4 A 6 PORCIONES

¼ de taza de vinagre de vino tinto

½ cucharadita de comino molido

1 cucharadita de chipotle en polvo

6 papas Russet pequeñas o 4 grandes

¼ de taza de aceite de oliva

2 cucharadas de sal kosher

1 cucharada de pimienta negra molida gruesa

1 cebolla roja pequeña, cortada a lo largo en seis trozos

1. Precalienta el horno a 350°F.

2. En un recipiente grande, mezcla el vinagre, el comino y chipotle en polvo.

3. Corta las papas en trozos de 1 pulgada. Échalas en la mezcla de vinagre y revuelve bien. Deja que se marinen de 5 a 10 minutos.

3. Rocía el aceite sobre las papas y mezcla. Distribúyelas en una sola capa en una bandeja para hornear grande con borde o una fuente para el horno. Sazona con la sal y la pimienta. Asa sin tapar por 40 minutos, revolviendo ocasionalmente.

4. Saca la bandeja o fuente con las papas del horno. Añade las rodajas de cebolla y revuelve para cubrir con los jugos. Vuelve a meter la bandeja en el horno y asa por unos 20 minutos más hasta que las papas estén doradas y tiernas.

CHICA TIP

Si te estás cuidando de los carbohidratos, las chirivías son un gran sustituto para las papas. Funcionan especialmente bien en recetas de papas asadas. Puedes empezar sustituyendo sólo la mitad de las papas.

hash browns de calabaza espagueti

Esta alargada calabaza de invierno es súper baja en calorías, está llena de saludable beta-caroteno —que se encuentra en verduras de color amarillo y naranja— y se puede cocinar de muchas maneras: al horno, al vapor, en el microondas o hervida. Lo mejor de todo es que la calabaza cocida parece espaguetis finos (y puede ser tratada como tal) cuando se rastrilla con un tenedor.

RINDE 4 PORCIONES

aceite de oliva en aerosol para cocinar

1 calabaza espagueti de 2 libras, cortada a la mitad y a lo largo

1 cucharada de aceite de oliva

1 cebolla amarilla mediana, cortada finamente

½ cucharadita de sal kosher

¼ de cucharadita de ají en polvo

¼ de cucharadita de achiote en polvo

¼ de cucharadita de pimienta negra recién molida

CHICA TIP

Agrega a las sopas calabaza espagueti cocida en lugar de fideos. Revuélvela con aceite de oliva, perejil picado y queso parmesano o queso blanco, o mézclala con tomates picados, alcaparras, albahaca u orégano y aceite de oliva para un plato de «pasta sin gluten».

1. Precalienta el horno a 400°F. Forra con papel para hornear o con papel aluminio una bandeja para horno lo suficientemente grande como para contener las mitades de calabaza, y rocía ligeramente con aceite de oliva en aerosol.

2. Rocía ligeramente las mitades de calabaza con aceite de oliva y colócalas, con la parte cortada hacia abajo, en la bandeja para hornear. Hornea por unos 45 minutos hasta que la calabaza esté tierna, lo que puedes comprobar al pincharla con la punta de un cuchillo afilado.

3. Voltea las mitades de calabaza y déjalas enfriar 5 minutos. Sácales las semillas y deséchalas. Con los dientes de un tenedor, rastrilla la carne de la calabaza en un recipiente grande y desecha la piel.

4. Mientras tanto, calienta el aceite de oliva en una sartén antiadherente grande a fuego medioalto. Echa la cebolla, la sal, el ají en polvo, el achiote en polvo y la pimienta. Cocina por unos 5 minutos, revolviendo ocasionalmente, hasta que la cebolla se ablande.

5. Añade la calabaza y mezcla suavemente. Cocina por 3 minutos, sin revolver, hasta que la parte inferior de la calabaza empiece a dorarse. Voltéala y cocina de 6 a 8 minutos, moviéndola ocasionalmente, hasta que esté ligeramente dorada. Sirve caliente.

estofado de gandules

En toda América Latina y El Caribe, el arroz con frijoles se come todos los días, a veces tres veces al día. En Puerto Rico, el arroz con gandules es el favorito. Aunque son frijoles, los gandules varían en color de blanco cremoso a verde fuerte y se ven un poco como los guisantes. Cocino los gandules con calabaza y tomates para un acompañamiento de verduras colorido.

RINDE DE 4 A 6 PORCIONES

2 tazas de gandules congelados

1 taza de calabaza, pelada y cortada en cubos de ½ pulgada

2 cucharadas de aceite de oliva

1 pimiento verde mediano, sin semillas y cortado en cubos

1 cebolla amarilla mediana, picada

3 dientes de ajo, picados

1 tomate roma (o ciruela), cortado en cubos

½ taza de cilantro fresco, picado

¼ de taza de ají dulce o cachucha, sin semillas y picado

½ cucharadita de Adobo Delicioso (página 8)

¾ de taza de caldo de pollo bajo en sodio

sal kosher, al gusto

pimienta negra recién molida

1. Pon a hervir una olla grande de agua ligeramente salada a fuego alto. Echa los gandules y la calabaza y cocina por unos 15 minutos hasta que la calabaza esté *al dente*. Saca y reserva ½ taza del líquido de cocción, luego cuela las verduras.

2. Calienta el aceite en una sartén mediana a fuego medio. Añade el pimiento y la cebolla y cocina por aproximadamente 2 minutos hasta que estén suaves. Agrega el ajo, luego el tomate, el cilantro, el ají dulce y el Adobo Delicioso. Cocina por unos 3 minutos hasta que el tomate suelte algunos jugos.

3. Añade los gandules y la calabaza y mezcla bien. Agrega el caldo y el líquido de cocción reservado y calienta hasta que hierva. Reduce el fuego a bajo y cocina a fuego lento de 8 a 10 minutos hasta que la calabaza esté tierna. Sazona con sal y pimienta. Sirve caliente.

quinua con ají amarillo

Saludable y libre de gluten, la quinua se ha convertido en uno de mis ingredientes favoritos. Está llena de proteínas y tiene un alto contenido de fibra, calcio y otros nutrientes, es el súper alimento de todos los súper alimentos. Yo uso la quinua, muy rápida de cocinar, en ensaladas, en sopas y en lugar de pasta. Utiliza esta preparación como base para añadir otros ingredientes: verduras picadas, nueces y pedacitos sobrantes de pollo o carne. Una vez que la pruebes, la quinua se convertirá en un elemento básico en tu cocina.

RINDE DE 4 A 6 PORCIONES

1½ taza de quinua

2½ tazas de agua

2 cucharadas de aceite de oliva

2 cucharadas de mantequilla sin sal

1 cebolla amarilla mediana, picada

1 pimiento verde mediano, sin centro, sin semillas, sin nervaduras y picado

2 dientes de ajo, picados finamente

3 cucharadas de hojas de perejil de hoja plana fresco, y más para servir, picadas en trozos grandes

2 cucharadas de Adobo Delicioso (página 8)

¾ de cucharadita de ají amarillo peruano en pasta

sal kosher

1. Enjuaga la quinua con agua fría en un colador metálico de malla fina. Cuélala y échala en una olla mediana. Agrega el agua y calienta a fuego alto hasta que hierva. Reduce el fuego a medio-bajo y cocina durante unos 20 minutos hasta que todos los granos se hayan abierto. Cuela la quinua cocida con el colador.

2. Mientras tanto, calienta el aceite y la mantequilla en una sartén grande a fuego medio. Echa la cebolla, el pimiento verde y el ajo y cocina por unos 5 minutos, revolviendo ocasionalmente, hasta que la cebolla esté transparente. Agrega 3 cucharadas de perejil, el Adobo Delicioso, el ají amarillo y la sal. Añade la quinua y mezcla bien. Sirve caliente espolvoreando el perejil picado restante.

acompáñame

plátanos horneados rebozados en perejil y chile

Los plátanos son un alimento básico en muchas partes del mundo, pero en El Caribe suelen ser el acompañamiento favorito. Los plátanos pueden cocerse al vapor, freírse, hervirse, asarse o, como en este plato, hornearse. Los almidonados plátanos son otro acompañamiento saludable fácil de hacer.

RINDE DE 4 A 6 PORCIONES

aceite de oliva en aerosol para cocinar

4 plátanos maduros

2 tazas de hojas de perejil de hoja plana fresco, picadas

2 cucharadas de chile en polvo

2 cucharadas de aceite de oliva

¾ de cucharadita de sal kosher

½ cucharadita de pimienta negra recién molida

1. Precalienta el horno a 350°F. Rocía una fuente para hornear con aceite de oliva en aerosol.

2. Usando un cuchillo afilado, corta el tallo y la punta de cada plátano. Corta 4 ranuras a lo largo de cada plátano, atravesando por las venas en la piel hasta la carne. Con la punta del cuchillo, levanta y retira la cáscara de la carne.

3. Mezcla el perejil, el chile en polvo, el aceite de oliva, la sal y la pimienta en un recipiente amplio y poco profundo. Rueda cada plátano en la mezcla de perejil para cubrir uniformemente. Pásalos a la fuente para hornear. Corta un pedazo de papel para hornear que quepa en la fuente. Cubre los plátanos con el papel para hornear y luego tapa bien el recipiente con papel aluminio.

4. Hornea por unos 40 minutos hasta que los plátanos estén suaves, lo que puedes comprobar al pincharlos con la punta de un cuchillo afilado. Sirve caliente.

arroz en cerveza

Crecí comiendo arroz todos los días. Ha sido difícil dejar atrás esa tradición en la medida que he aprendido más sobre nutrición. Si voy a comer arroz, entonces ¡más vale que sea especial! La cerveza le da al arroz un sabor dulce y ligeramente a nuez. Deja que tu familia y amigos adivinen el ingrediente secreto.

RINDE 4 PORCIONES

½ cucharadita de aceite de oliva

¼ de taza de cebolla amarilla, picada finamente

¼ de taza de zanahoria, picada en cubitos

¼ de taza de agua

1 taza de arroz blanco de grano largo

1 botella de cerveza de 12 onzas, pilsner o cerveza rubia suave

1½ taza de caldo de pollo bajo en sodio

¼ de cucharadita de cúrcuma molida

2 dientes de ajo, pelados y majados con un cuchillo

½ cucharadita de sal kosher

¼ de cucharadita de pimienta negra recién molida

1. Calienta el aceite en una olla mediana a fuego medio. Echa la cebolla, la zanahoria y el agua y cocina por aproximadamente 5 minutos, revolviendo con frecuencia, hasta que el agua se haya evaporado y los vegetales estén blandos. Agrega el arroz y revuelve bien. Añade, revolviendo, la cerveza, el caldo, la cúrcuma, el ajo, la sal y la pimienta. Calienta a fuego alto hasta que hierva. Reduce el fuego a bajo y tapa bien. Cocina a fuego lento de 15 a 20 minutos hasta que el arroz esté tierno y haya absorbido el líquido. Retira del fuego.

2. Mueve el arroz con un tenedor para esponjarlo, desechando el ajo, y sirve caliente.

arroz integral básico

Cuando se trata de arroz integral, ¡significa volver a lo básico! Nutricionalmente, el arroz integral es mejor que su contraparte blanca, es más rico en fibra, vitaminas y minerales con una textura masticable y un sabor a nuez. Sin embargo, cocinar el arroz integral, o al menos cocinarlo bien, es complicado. Me parece que hacerlo en la olla de presión garantiza un arroz perfecto y húmedo. Una vez que pruebes este método, nunca más vas a cocinar el arroz de otra manera.

RINDE 4 PORCIONES

1¾ taza de caldo de pollo bajo en sodio

1 taza de arroz integral de grano corto

2 dientes de ajo, pelados y majados con un cuchillo

2 cucharaditas de aceite de oliva

½ cucharadita de sal kosher

1. Echa el caldo, el arroz, el ajo, el aceite y la sal en una olla de presión. Cubre con la tapa de la olla y, siguiendo las instrucciones del fabricante, aumenta la presión a fuego alto hasta que llegue a alta. Reduce el fuego a bajo y cocina, manteniendo la presión alta durante 22 minutos. Retira del fuego. Deja que la presión baje y que la olla repose por 10 minutos más.

2. Destapa la olla. Revuelve con un tenedor para esponjar, desecha el ajo y sirve caliente.

puré de malanga y ajo asado

La malanga, similar a la raíz de taro, es una raíz de color marrón oscuro con un interior cremoso y moteado. Me encanta hecha puré, con ajo, pimienta y mantequilla, como si fuera papa.

1 cucharadita de granos de pimienta negra

2½ libras de malanga blanca, pelada y cortada en trozos de 1 pulgada

1 taza de suero de leche bajo en grasa

3 o 4 dientes de ajo asados (ver *Chica Tip* página 56)

½ cucharadita de sal kosher

¼ de cucharadita de pimienta negra recién molida

1. Ata los granos de pimienta en un paquete doble de gasa. Coloca la malanga y el paquete de pimienta en una olla grande y agrega agua fría suficiente para cubrirlos. Calienta a fuego alto hasta que hierva. Reduce el fuego a medio-bajo y tapa la olla. Cocina a fuego lento por aproximadamente 30 minutos hasta que la malanga esté tierna. Cuela, desechando el paquete de pimienta.

2. Vuelve a echar la malanga a la olla. Añade el suero de leche y 3 o 4 dientes de ajo asados. Usando un majador de papas, haz un puré grueso con la mezcla, sazona con sal y pimienta. Sirve caliente.

pisto manchego

El pisto, un guiso de berenjena, cebolla, calabacín y pimientos, proviene de la zona alrededor de La Mancha, España. Similar al *ratatouille*, se puede servir como una tapa (aperitivo) con un vaso de jerez o vino o como acompañamiento de carnes asadas y a la parrilla. Yo le pongo un huevo escalfado o frito encima para un *brunch* de fin de semana o una cena entre semana. A veces añado algunos piñones tostados, pasas o queso manchego rallado. El pisto es muy versátil, puedes servirlo caliente, frío o a temperatura ambiente. Duplica o triplica la receta y congélalo.

RINDE DE 4 A 6 PORCIONES

2 cucharadas de aceite de oliva

1 cebolla amarilla grande, picada en cubos

1 berenjena mediana, cortada en trozos de 1 pulgada

2 calabacines grandes, cortados en trozos de 1 pulgada

2 tomates roma (ciruela) grandes, cortados en cubos de ½ pulgada

1 pimiento verde mediano, sin corazón, sin semillas, sin nervaduras, cortado en cubos de ½ pulgada

1 pimiento rojo mediano, sin corazón, sin semillas, sin nervaduras, cortado en cubos de ½ pulgada

3 dientes de ajo, picados muy finamente

½ cucharadita de sal kosher

¼ de cucharadita de pimienta negra recién molida

2 cucharaditas de vinagre de vino tinto

1 cucharada de hojas de albahaca fresca, picadas, para servir

1. Calienta el aceite en una olla a fuego medio-alto. Echa la cebolla y cocina por 5 minutos hasta que esté tierna. Añade la berenjena, el calabacín, los tomates, los pimientos, el ajo, la sal y la pimienta y calienta hasta que hierva. Reduce el fuego a medio y tapa.

2. Deja cocer por unos 20 minutos, revolviendo ocasionalmente, hasta que las verduras estén tiernas. Retira del fuego y agrega el vinagre. Deja enfriar un poco. Espolvorea con la albahaca y sirve tibio o a temperatura ambiente.

puré dulce al mojito

Los camotes o papas dulces de pulpa anaranjada tienen una consistencia densa y cremosa. El añadir limón y menta —los intensos sabores de un mojito— le da un giro cubano a este plato.

RINDE 4 PORCIONES

2 camotes (o papas dulces) grandes, sin pelar (alrededor de 1½ libra)

1 cucharada de aceite de oliva

2 cucharadas de hojas de menta fresca, picada en trozos grandes

2 cucharadas de jugo fresco de limón

½ cucharadita de sal kosher

¼ de cucharadita de pimienta negra recién molida

ramitas de menta fresca, para decorar

1. Echa los camotes enteros en una olla grande y añade suficiente agua fría para cubrirlos. Calienta a fuego alto hasta que hierva. Reduce el fuego a medio-bajo y cocina por unos 30 a 35 minutos hasta que estén tiernos. Cuela y enjuaga con agua fría hasta que sean fáciles de manipular.

2. Mientras tanto, calienta el aceite por aproximadamente 1 minuto en una olla pequeña a fuego alto. (O calienta el aceite en el microondas por unos 30 segundos a máxima potencia, en un recipiente apto para este aparato). Añade las hojas de menta y aplástalas con el mango de una cuchara de madera o una mano de mortero. Deja a un lado.

3. Pela los camotes y vuelve a echarlos a la olla. Añade la mezcla de menta, el jugo de limón, la sal y la pimienta. Haz puré con un majador de papas hasta que esté suave y cremoso. Pásalo a un bol para servir, decora con las ramitas de menta y sirve caliente.

acelgas al cajú

Al igual que otras verduras de hoja verde oscura, la acelga es una fuente inagotable de nutrientes, una excelente fuente de calcio, potasio, vitamina C, vitamina A y beta-caroteno. Añado castañas de cajú —también conocidas como anacardos— para la textura, y pasas para dar un toque de dulzura a las hojas y los tallos.

RINDE 4 PORCIONES

1¼ libra de acelgas, bien lavadas, sin tallos, las hojas cortadas en trozos de 1 pulgada de grosor

2 cucharadas de aceite de oliva

3 dientes de ajo, picados finamente

¼ de taza de pasas doradas

¼ de cucharadita de sal kosher

¼ de cucharadita de pimienta negra recién molida

¼ de taza de castañas de cajú tostadas sin sal, picadas

1. Separa los tallos de las hojas de la acelga. Pica los tallos en trozos grandes y córtalos transversalmente en tiras de 1 pulgada de grosor.

2. Calienta el aceite a fuego medio en una sartén antiadherente grande. Echa los tallos y cocina por 10 minutos, revolviendo ocasionalmente, hasta que estén tiernos. Añade el ajo y cocina por aproximadamente 2 minutos hasta que estén fragantes. Agrega las hojas, revolviendo, y cocina por cerca de 10 minutos, revolviendo frecuentemente, hasta que estén tiernas. Añade las pasas y sazona con sal y pimienta. Pasa a un bol de servir y espolvorea con las castañas de cajú. Sirve caliente.

gratín de achicoria radicchio

¡Una forma divertida y diferente para comer tus vegetales! Piensa en estas hojas de achicoria radicchio como un cruce entre chips de col rizada (que parecerá carbonizada) y pieles de papas. Cada vez que hago esto, ¡algunos nunca llegan a la mesa porque me los como en la cocina!

RINDE 4 PORCIONES

aceite de oliva en aerosol para cocinar

vinagreta:

2 cucharadas de vinagre balsámico blanco

1 cucharada de aceite de oliva

½ cucharadita de sal kosher

¼ de cucharadita de pimienta negra recién molida

achicoria:

1 achicoria radicchio, cortada por la mitad a lo largo, desechando el centro duro

1 taza de queso blanco rallado

¼ de taza de pan de trigo entero rallado

2 cucharadas de hojas de albahaca fresca, picadas finamente

1. Precalienta el horno a 400°F. Rocía una bandeja para hornear grande con aceite de oliva en aerosol para cocinar.

2. Para hacer la vinagreta, mezcla el vinagre, el aceite, la sal y la pimienta en un recipiente pequeño.

3. Separa las hojas de cada mitad de la achicoria. Coloca las hojas en la bandeja para hornear superponiéndolas ligeramente. Con una brocha, unta ambos lados de las hojas con la vinagreta. Hornea por unos 10 minutos hasta que las hojas estén marchitas y ligeramente carbonizadas. Saca las hojas, pero deja el horno encendido.

4. Revuelve el queso y el pan rallado en un recipiente mediano hasta que estén bien mezclados. Espolvorea la mezcla de queso de manera uniforme sobre la achicoria. Vuelve a meterla al horno y hornea por unos 8 minutos hasta que la cobertura esté dorada y el queso comience a derretirse un poco. Transfiere cuidadosamente la achicoria a una fuente y espolvorea con la albahaca. Sirve caliente o a temperatura ambiente.

brócoli con un toque de anchoas

No te culpo por odiar las anchoas si sólo has comido estos salados filetitos en una pizza o sobre una ensalada. Pero tengo la solución. La anchoas enlatadas o en frasco son mejores cuando son majadas con otros ingredientes en una salsa o aderezo, como en esta mezcla de ajo, cebolla y vinagre de jerez para acompañar el brócoli.

RINDE DE 4 A 6 PORCIONES

⅓ de taza de chalotes, picados finamente

2 cucharadas de vinagre de jerez

2 cucharadas de aceite de oliva

4 anchoas planas, en aceite, escurridas y picadas

¼ de cucharadita de pimienta negra recién molida

2 brócolis grandes, guardando los tallos para otro uso, separados en ramitos

sal kosher

1. Revuelve los chalotes, el vinagre, una cucharada de aceite, las anchoas y la pimienta en un recipiente grande hasta que esté bien mezclado.

2. Calienta la cucharada de aceite restante en una sartén muy grande a fuego medio-alto. Echa el brócoli y cocina unos 6 minutos, revolviendo ocasionalmente, hasta que esté de color verde fuerte y tierno-crujiente. Échalo en el recipiente y mezcla bien. Sazona con sal. Sirve caliente.

CHICA TIP

La pasta de anchoas en tubo es uno de mis ingredientes favoritos para tener en la despensa. Cuando no tengo anchoas en lata o frasco, sustituyo ½ cucharadita de pasta de anchoa por cada dos filetes. Dale un toque de anchoas a huevos, guisos, salsas y, por supuesto, al aderezo de la ensalada César. Una vez abierta, la pasta de anchoas se mantiene indefinidamente en el refrigerador.

acompáñame

crujientes garbanzos, chorizo y col rizada

Un trío común en Portugal y España —garbanzos, chorizo y col rizada combinados— es un acompañamiento delicioso que puede también disfrutarse como plato principal.

RINDE 4 PORCIONES

1 cucharada de aceite de oliva

1 lata de 15 onzas de garbanzos, enjuagados, escurridos y extendidos sobre un paño de cocina limpio para que se sequen completamente

½ taza (cubos de ½ pulgada) de chorizo duro, ahumado estilo español

¼ de taza de pasas doradas

1 libra de col rizada, eliminando los tallos duros y cortando las hojas en trozos de 1 pulgada

¼ de taza de caldo de pollo bajo en sodio

sal kosher

pimienta negra recién molida

1. Calienta una sartén grande a fuego medio-alto durante 2 minutos. Echa el aceite de oliva y deja que se caliente por unos 30 segundos hasta que brille pero no eche humo. Añade los garbanzos y el chorizo a la sartén. Espárcelos en una sola capa de modo que los granos estén en contacto con la sartén. Tapa la sartén con una malla antisalpicaduras (no una tapa) si tienes una. Cocina por unos 15 minutos, revolviendo lo menos posible, hasta que los garbanzos estén crujientes. Pásalos a un recipiente y agrega las pasas.

2. Reduce el fuego a medio y añade la col rizada. Agrega el caldo y deja cocer por unos 5 minutos hasta que la col se ablande. Sazona con sal y pimienta. Transfiere a un bol para servir y cubre con la mezcla de frijoles. Sirve caliente.

col rizada con naranjas y chalotes

La col rizada es otra verdura de hojas verde oscuras llena de nutrientes que por fin recibe la atención que merece. Añado jugo y ralladura de naranja para realzar sus sabores. Prueba esto con pollo asado o carne de cerdo, o mezclada con quinua para una cena vegetariana.

RINDE 4 PORCIONES

2 cucharadas de aceite de oliva

½ taza de chalotes, picados finamente

¼ a ½ taza de jugo de naranja fresco

1 libra de col rizada, cortando los tallos duros, y las hojas picadas en trozos grandes

ralladura fresca de ¼ de naranja

1 naranja *navel* grande, cortada en cuñas, para decorar

1. En una sartén grande, calienta el aceite de oliva a fuego medio. Saltea los chalotes hasta que estén blandos (aproximadamente 1 o 2 minutos), luego agrega el jugo de naranja. Revuelve para combinar los ingredientes y empieza a añadir en tandas la col rizada (cuando empieces a revolver, comenzará a reducirse drásticamente). Una vez que la col esté cocida al punto de cocción deseado, añade la ralladura de naranja. Sirve inmediatamente, decorada con las cuñas de naranja fresca.

CHICA TIP

! Prefiero la col rizada cuando todavía está un poco crujiente, casi *al dente*. Si te gusta más como espinacas salteadas, agrega más jugo de naranja y cocina hasta que esté blanda y marchita.

acompáñame

papas horneadas rellenas de espinacas y champiñones

Las papas doblemente horneadas generalmente están llenas de calorías y grasa, así que decidí crear mi propia versión usando espinacas y queso bajo en grasa. Nunca echarás de menos la otra manera de prepararlas.

RINDE 8 PORCIONES

1 cucharada de aceite de oliva

1 paquete de 10 onzas de champiñones blancos, picados

1 cebolla amarilla pequeña, picada

1 diente de ajo, picado muy finamente

2 cucharadas de caldo de pollo bajo en sodio

1 cucharadita de salsa inglesa

7 onzas de espinacas pequeñas

4 papas grandes para hornear, de cerca de 12 onzas cada una, raspadas pero sin pelar

½ taza de queso cheddar bajo en grasa, rallado

aceite en aerosol para cocinar

½ taza de crema agria baja en grasa o liviana

4 cebolletas —las partes blancas y las verde claro— cortadas en rodajas finas

1. Calienta el aceite en una sartén antiadherente grande a fuego medio-alto. Echa los champiñones, la cebolla y el ajo y cocina por unos 8 minutos, revolviendo ocasionalmente, hasta que las verduras estén tiernas. Agrega, revolviendo, el caldo y la salsa inglesa. Añade las espinacas en tandas y cocina por unos 5 minutos, revolviendo, hasta que se ablanden. Retira del fuego y deja a un lado.

2. Mientras tanto, envuelve cada papa en papel plástico. Métalas al microondas a máxima potencia por unos 15 a 20 minutos hasta que estén tiernas, lo que puedes comprobar al pincharlas con un tenedor. Corta las papas por la mitad y a lo largo. Con una cuchara saca un poco de la pulpa y échala en un recipiente grande, dejando un borde de ¾ de pulgada de espesor. Reserva las cáscaras de papa. Agrega la mezcla de espinacas a la pulpa de la papa en el recipiente y mezcla bien.

3. Coloca la rejilla del horno a unas 4 pulgadas de la fuente de calor y precalienta el horno.

4. Vierte la mezcla de espinacas en forma pareja en las papas huecas y espolvorea con el queso. Rocía la bandeja para asar con aceite. Coloca las papas en la bandeja y asa de 3 a 4 minutos a 4 pulgadas del fuego, hasta que el relleno esté caliente y el queso se haya derretido. Saca las papas del horno. Encima de cada una echa una cucharada de crema agria, espolvorea con la cebolleta y sirve caliente.

¡Date un gusto!
cremoso puré de papas con chipotle

Si voy a darme el gusto de comer puré de papas, entonces lo quiero tan rico y cremoso como sea posible. Y eso significa añadir mantequilla, queso crema y leche. Un poco de chipotle en polvo le da un toque latino. Yo prefiero mi puré de papas liso y sin grumos. Si lo prefieres con un poco más de textura, adelante. Después de todo, es para darte un gusto.

RINDE 6 PORCIONES

2½ libras de papas rojas, peladas y cortadas en trozos de 1 pulgada

1 paquete de 8 onzas de queso crema, cortado en trozos de 1 pulgada

½ taza de leche

¼ de taza de mantequilla sin sal, derretida

1 cucharadita de polvo de chile chipotle

½ cucharadita de sal kosher

1. Coloca un inserto para cocinar al vapor dentro de una olla grande. Echa 1 ½ pulgada de agua y pon las papas sobre el inserto. Calienta el agua hasta que hierva, tapa la olla y cocina durante 30 a 40 minutos, hasta que las papas estén tiernas, lo que puedes comprobar al pincharlas con un tenedor. Revisa periódicamente para asegurarte de que el agua no se haya evaporado. Cuela las papas en un colador y vuelve a ponerlas en la olla.

2. Agrega el queso crema, la leche, la mantequilla derretida, el chile en polvo y la sal. Usando una batidora eléctrica manual o un majador de papas, haz puré hasta obtener una consistencia suave y cremosa, o la deseada.

agua de jamaica
(agua fresca de hibisco y jengibre)

drinktastic, ¡bebidas fantásticas!

Cuando quiero una bebida refrescante y saludable recurro a mis raíces latinoamericanas. Siempre estaba sedienta y hambrienta cuando llegaba a casa de la escuela para el almuerzo, y mi mamá me daba un vaso de *agua fresca* hecha en casa, una bebida a base de una mezcla de frutas frescas, flores o frutos secos con agua y especias. O cuando salíamos con mi familia, a menudo nos deteníamos a tomar un espumoso *batido*, un licuado con leche, fruta y hielo.

En las ciudades y pueblos de toda América Central y del Sur, la gente va a las plazas arboladas en las tardes para tomarse un agua fresca, un batido u otra bebida, y ponerse al día sobre las últimas noticias y chismes locales. Vasos de horchata, limonada, agua fresca de hibisco (sin leche) u otros coloridos ingredientes se venden de grandes jarros de cristal en los restaurantes y en los carritos ambulantes. En tu próxima fiesta pon grandes recipientes con aguas frescas y deja que los huéspedes se sirvan. Los batidos se pueden hacer con bayas, banana, mango, papaya, piña, guayaba y casi cualquier fruta o combinación de frutas que te puedas imaginar.

Con frecuencia me preparo un batido, usando leche descremada o leche de almendras, para un desayuno rápido o un golpe de energía en la tarde. Para mantenerme energizada, añado una cucharada de proteína en polvo.

batido de lima ácida

La tarta de lima ácida se sirve en los restaurantes de todo el sur de Florida, donde se producen las pequeñas limas ácidas *key lime*. Yo quería hacer un batido con los mismos sabores, pero las limas ácidas pueden ser difíciles de encontrar en muchos lugares. Hecho con limones, este batido tiene todos los sabores de una rebanada de tarta de limas ácidas, pero con muchas menos calorías.

RINDE 2 PORCIONES

1 taza de cubos de hielo

½ taza de agua fría

1 pote de 2,7 onzas de yogur griego natural descremado

stevia o tu endulzante preferido, al gusto

ralladura fresca de ¼ de limón

1 cucharada de jugo fresco de limón

¼ cucharadita de extracto de vainilla

cuñas de limón, para decorar

Haz puré los cubos de hielo, el agua, el yogur, la stevia, la ralladura y el jugo de limón y la vainilla en una licuadora hasta que quede suave. Vierte en un vaso alto, decora con las cuñas de limón y sirve inmediatamente.

CHICA TIP

Los batidos de fruta y de leche son mejores cuando se sirven bien helados. Es esencial que los ingredientes estén fríos, pero yo también enfrío en el congelador durante diez minutos el jarro de la licuadora y las copas en las que los voy a servir, antes de preparar estas bebidas.

drinktastic, ¡bebidas fantásticas!

mangonada frappé

Cuando era niña, teníamos un hermoso árbol de mango en el jardín y aprendí a utilizar la fruta de infinitas maneras. En esta receta, el mango y la menta unen fuerzas con una limonada ácida para combatir la temperatura en un día caluroso. El mango también añade un sabor afrutado exótico y le da una sensación tropical a esta bebida de verano. La endulzo con un poco de miel y añado agua con gas para obtener un resultado burbujeante y refrescante.

RINDE 4 PORCIONES

1 taza de cubos de hielo

1 taza de puré de mango, hecho en casa o congelado, descongelado

¼ de taza de jugo fresco de limón

2 cucharadas de miel

6 a 8 hojas de menta fresca

2 tazas de agua mineral con gas

cuñas de limón, para decorar

ramitas de menta fresca, para decorar

1. Licua los cubos de hielo con el puré de mango, el jugo de limón, la miel y las hojas de menta en una licuadora por aproximadamente 30 segundos hasta que estén casi completamente molidos (los pequeños trozos de hielo son refrescantes). Usa la función de pulso para licuar.

2. Vierte la bebida en copas, échale un poco de agua con gas, decora con las cuñas de limón y las ramitas de menta y sirve inmediatamente.

cocadas en vaso

Las cocadas, unas galletas o dulces blandos, de coco, vainilla y canela, son muy populares en toda América Latina, donde las venden en carritos callejeros o vendedores ambulantes en las playas. Yo uso los mismos dulces sabores para hacer estos batidos.

RINDE 4 PORCIONES

1½ taza de leche semi-descremada (2%) o descremada

1 taza de hojuelas de coco endulzado

3 tazas de cubos de hielo

1 cucharadita de extracto de vainilla

1 cucharadita de extracto de coco

1 cucharadita de canela en polvo

Licua por aproximadamente 1 minuto la leche y las hojuelas de coco hasta que quede una mezcla suave. Agrega los cubos de hielo, el extracto de vainilla, el extracto de coco y la canela y licua por aproximadamente 1 minuto más hasta que el hielo esté medio derretido. Vierte en vasos fríos y sirve inmediatamente.

refresco de tamarindo y papaya

Cuando mi abuela fue a visitarnos al Caribe, lo primero que hizo fue recoger algunos frutos de nuestro árbol de tamarindo. Los hirvió para hacer un jugo ácido que bebía todos los días, insistiendo en que la mantenía delgada. Mi padre, por su parte, tenía su propio ritual matutino: comer rebanadas de papaya con un chorrito de limón amarillo en el desayuno. Decidí mezclar los sabores del desayuno de ambos miembros de mi familia en este *spritzer* agridulce, pero puedes disfrutar de esta refrescante bebida a cualquier hora del día.

RINDE DE 2 A 3 PORCIONES

1 taza de pulpa de tamarindo congelado, descongelado

½ taza de néctar de papaya en conserva

2 cucharadas de jugo fresco de limón amarillo

stevia o tu endulzante preferido, al gusto

cubos de hielo, para servir

1 taza de ginger ale, según sea necesario

cuartos de limón amarillo, para adornar

1. Licua por aproximadamente 1 minuto la pulpa de tamarindo, el néctar de papaya, el jugo de limón amarillo y la stevia hasta que se incorporen bien y hagan espuma.

2. Vierte en cantidades iguales la mezcla de tamarindo en vasos llenos de hielo. Échale un poco de ginger ale a cada uno. Decora cada uno con un cuarto de limón amarillo y sirve inmediatamente.

drinktastic, ¡bebidas fantásticas!

sobrecarga de vitamina c

Mis hermanas y yo siempre hacíamos esta bebida cuando visitábamos a mis abuelos. El sabor y el color son preciosos por la combinación de los tomates y las naranjas. Son ricos en vitamina C, pero también proporcionan vitamina A, que es buena para la piel, el cabello y los ojos. Cada vez que siento que me voy a resfriar, me preparo una tanda de esta bomba de vitamina C.

RINDE 2 PORCIONES

1⅓ taza de jugo de naranja fresco (de 3 naranjas grandes)

2 tomates roma

2 cucharadas de jugo fresco de limón

2 cucharadas de miel

apio, para decorar

Licua el jugo de naranja, los tomates, el jugo de limón y la miel hasta que estén suaves. Vierte en copas, adorna con las ramas de apio y sirve inmediatamente.

jugo verde de vida

Beber un vaso de jugo verde es la mejor manera que se me ocurre para obtener todos los nutrientes y bondades de los vegetales. El hacer jugos verdes sabrosos puede ser un desafío, pero unas rodajas de manzana y un bulbo de jengibre les dan un toque de sabor. Ten siempre en tu refrigerador verduras limpias y listas para usar, para hacer esta bebida en un dos por tres. Para preparar esta bebida, necesitarás comprar un exprimidor centrífugo.

RINDE 2 PORCIONES

2 manzanas, cortadas en rodajas

3 zanahorias, peladas

3 tallos de apio

3 tazas de hojas de espinacas empaquetadas, incluyendo los tallos

1 ramillete grande de perejil de hoja plana, incluyendo los tallos

1 pedazo de jengibre fresco de 2 pulgadas, sin pelar

1 pepino inglés, sin pelar

Lava todos los ingredientes muy bien. Pásalos a través de un exprimidor centrífugo. Vierte en vasos y sirve de inmediato.

horchata

La horchata es una bebida refrescante a base de arroz molido finamente mezclado con vainilla, almendras y canela. La horchata se sirve de grandes jarras de vidrio en bodegas o en carritos y camiones de comida en todo Estados Unidos, México y América Central. A menudo se le llama «la bebida de los dioses» por su rico sabor. Es la mejor manera de refrescarse en un caluroso día de verano.

RINDE DE 4 A 6 PORCIONES

1 cuarto de galón de agua tibia

1 taza de arroz blanco de grano largo crudo

½ taza de leche semi-descremada (2%)

2 cucharaditas de extracto de vainilla

½ cucharadita de extracto de almendra

½ cucharadita de canela en polvo

stevia o tu endulzante preferido, al gusto

cubos de hielo, para servir

palitos de canela enteros, para servir (opcional)

1. Muele el agua tibia y el arroz en la licuadora de 1 a 2 minutos hasta que quede molido grueso pero no blando. Refrigera en la jarra de la licuadora durante al menos 6 horas y hasta 12 horas.

2. Cuela la mezcla de arroz con un tamiz de metal de malla fina y desecha el arroz. (Si el arroz pasa a través del tamiz, cubre el tamiz con varias capas de gasa enjuagada).

3. Revuelve el agua de arroz, la leche, el extracto de vainilla, el extracto de almendra, la canela y la stevia hasta que estén bien mezclados. Vierte la horchata en vasos llenos de hielo y añade un palito de canela para revolver, si lo deseas.

agua de jamaica (agua fresca de hibisco y jengibre)

Las flores de jamaica o hibisco crean una de las infusiones más sorprendentes y deliciosas que puedas imaginar. En México, esta bebida es tan popular como el té helado en Estados Unidos. Añado un poco de jengibre para obtener otra capa de sabor. Sirve esta joya de bebida color rubí y un poco ácida bien fría y con hielo.

RINDE 4 PORCIONES

4 tazas de agua

4 bolsas de té de hibisco, como las de la marca Badia

6 hojas de menta fresca

½ cucharadita de stevia o tu endulzante preferido

2 cucharadas de jengibre fresco, pelado y rallado

2 cucharadas de jugo fresco de limón amarillo

cubos de hielo, para servir

4 cuartos de limón amarillo, para decorar

4 ramitas de menta fresca, para decorar

1. Pon el agua a hervir en una olla mediana a fuego alto. Retira del fuego y agrega el té de hibisco y las hojas de menta. Deja reposar 5 minutos. Con una cuchara calada, saca las bolsas de té, presionándolas con fuerza.

2. Pasa la bebida a una jarra a prueba de calor y añade, revolviendo, la stevia, el jengibre y el jugo de limón amarillo. Refrigera por lo menos 4 horas hasta que esté frío.

3. Vierte la mezcla en 4 vasos llenos de hielo, decora cada uno con un cuarto de limón amarillo y una ramita de menta, y sirve inmediatamente.

agua fresca de piña y pepino

La combinación de piña y pepino con un poco de albahaca me recuerda a las refrescantes y limpiadoras aguas que se sirven en muchos *spas* después de un entrenamiento o un masaje.

RINDE 6 PORCIONES

2 tazas de agua

2 tazas de piña, pelada, sin centro y picada

1 taza de pepino, pelado, sin semillas y picado

2 cucharadas de hojas de albahaca fresca, picadas

6 hojas grandes de albahaca para decorar

Haz un puré con el agua, la piña, el pepino y la albahaca picada en una licuadora. Vierte la mezcla en 6 vasos, adorna cada uno con una hoja de albahaca y sirve de inmediato.

melonada a la menta

No puedo pensar en nada más refrescante que esta combinación de melón de pulpa verde y jugo de limón. Se le da un toque final con un chorrito de agua con gas. Sólo mirar esta bebida es refrescante.

RINDE DE 4 A 6 PORCIONES

1 melón de pulpa verde bien maduro, pelado, sin semillas y cortado en cubos

½ taza de jugo fresco de limón

6 hojas de menta fresca

agua mineral con gas, según sea necesario

ramitas de menta frescas, para decorar

Haz un puré con el melón, el jugo de limón y las hojas de menta en una licuadora. Vierte cantidades iguales en los vasos. Échale un chorrito de agua mineral a cada uno y decora con una ramita de menta. Sirve inmediatamente.

drinktastic, ¡bebidas fantásticas!

¡Date un gusto!
batido relámpago de chocolate

Cuando tengo antojo de algo rico y achocolatado, me preparo este delicioso batido. Añado algunos M&M's congelados a la licuadora para darle un golpe caramelizado. Vierte la mezcla en vasos altos y sirve como postre después de un asado o mientras ves una película. ¡Realmente vale la pena darse este gusto!

RINDE 4 PORCIONES

- 1 barra de 1,3 onzas de chocolate de leche, partido en trozos pequeños
- 1½ taza de helado de vainilla
- ½ taza de leche entera
- 1 cucharadita de extracto de almendra
- una pizca de canela molida
- 1 taza de chocolate amargo cubierto en caramelo, como los M&M's, congelados

1. Enfría en el congelador la jarra de la licuadora y 4 vasos.

2. Pon la barra de chocolate de leche en un recipiente apto para microondas. Utilizando la función de deshielo del microondas, calienta de 1 a 2 minutos, revolviendo cada 30 segundos, hasta que se derrita. Deja enfriar hasta que esté tibio.

3. Licua el helado, la leche, el chocolate derretido, el extracto de almendra y la canela en la jarra fría de la licuadora hasta que quede una mezcla suave. Agrega los chocolates cubiertos de caramelo congelados y utiliza el botón de pulso varias veces para picar en trozos pequeños. Vierte el batido en los vasos fríos y sirve inmediatamente con cucharas.

ponche pícaro de santa nick

cocktailicious, ¡bebe tus calorías, chica!

A menudo bromeo diciendo que prefiero beberme las calorías que comérmelas, por lo que no es de extrañar que sea conocida por mis cócteles. ¡Este es sin duda el capítulo de mi libro más indulgente, con más gustos!

Cuando invito a mis amigos a casa, a menudo los recibo en la puerta con una bebida original creada sólo para la cena de esa noche o para el *brunch* del fin de semana. Monto un bar con todos los ingredientes (y la receta) del cóctel para que ellos puedan hacerlos por sí mismos después de la primera ronda. De esa manera puedo atender los últimos toques en la cocina. Cuando sirves un cóctel único en una fiesta, no es necesario tener un bar bien surtido. (Y todo el dinero que no gasto en alcohol iva a mi fondo para zapatos!).

Los cócteles deben ser divertidos y equilibrados: nunca demasiado dulces ni demasiado ácidos. Un ingrediente no debe opacar ninguno de los otros sabores. Estos son cócteles divertidos y sofisticados, pero muy fáciles de hacer.

Llevar un estilo de vida saludable no significa renunciar a todo, se trata de encontrar un equilibrio. Siempre te puedes dar un gusto, sólo asegúrate de hacerlo con moderación. Y una palabra de precaución: no bebas y conduzcas.

cóctel cerelicioso

Mantén un frasco de cerezas maceradas (fruta empapada en alcohol) en el refrigerador para poder preparar este cóctel en cualquier momento. Yo lleno una jarra de vidrio con cerezas congeladas sin hueso y agrego ron suficiente para cubrirlas. Cuanto más tiempo dejes las cerezas macerar en el ron, mejor. Encontrarás un montón de otros usos para ellas: para echar encima de yogur congelado o añadir un poco a una botella de vinagre. Para darte un gusto dulce, guarda algunas de esas cerezas congeladas para comer directamente de la bolsa.

RINDE 6 PORCIONES

cerezas maceradas:

1 bolsa de 12 onzas de cerezas congeladas

1 taza de ron blanco

½ taza de azúcar

cóctel:

¾ de taza de ron blanco

¾ de taza de licor de naranja, como el Triple Sec o el Grand Marnier

¼ de taza de almíbar de las cerezas maceradas

¼ de taza de jugo fresco de limón

cubos de hielo

2 tazas de agua mineral con gas

18 cerezas maceradas, para servir

6 rizos de ralladura de limón fresca, hecho con un acanalador de cítricos, para decorar

1. Para macerar las cerezas, revuelve las cerezas, el ron y el azúcar hasta que esta se disuelva. Tapa y refrigera por lo menos 30 minutos. (Las cerezas se mantendrán frescas, tapadas y refrigeradas, hasta 2 meses).

2. Echa el ron, el licor de naranja, el almíbar y el jugo de limón en una jarra grande. Añade los cubos de hielo y revuelve bien para que se enfríe. Agrega el agua con gas y revuelve suavemente.

3. Para cada porción, pon 3 cerezas maceradas en el fondo de una copa de champán y vierte el líquido frío. Decora con un rizo de limón.

CHICA TIP

! Llena una bandeja para hacer cubos de hielo con limonada, pon una cereza macerada en cada hendidura y luego congela. Lo uso en cócteles, limonada o té helado.

cocktailicious, ¡bebe tus calorías, chica!

caipirinha rosada

«Creo en el rosa», así comienza una cita inspiradora de la actriz Audrey Hepburn. Bueno, ¡yo también! Y esta es la bebida más rosa que existe. Añado un toque de licor de granada a este cóctel nacional de Brasil, la caipirinha. Este cóctel de color rosa es el punto de partida para una noche de chicas en casa.

RINDE 4 PORCIONES

4 limones, cortados en ocho pedazos

½ taza de azúcar

1 taza de cachaça (aguardiente de caña de azúcar de Brasil)

¼ de taza de licor de granada

hielo picado o cubos de hielo

cuñas de limón, para decorar

1. Usa una mano de mortero común o para cócteles o el extremo de una cuchara de madera para machacar los limones y el azúcar en un recipiente grande cubierto (una jarra está bien). Añade la cachaça y el licor de granada y revuelve bien.

2. Vierte en vasos con hielo, decora con las cuñas de limón y sirve inmediatamente.

CHICA TIP

! Reemplaza la cachaça con la misma cantidad de ron para una *caipirissima*, o con vodka para una *caipiroska*. ¡Más cócteles rosados!

cóctel de cerveza con naranja roja

El refajo, un cóctel popular en Colombia, se hace mezclando cerveza con *Colombiana*, un refresco con sabor a cola. A menudo se acompaña con un trago de aguardiente, el licor nacional del país. A veces abro una cerveza fría en un caluroso día en Miami. Pero cuando quiero un cóctel que me transporte a casa, hago un refajo con cerveza, tequila y sorbete de naranja roja (o sanguina). Le puedes echar una dosis extra de tequila si lo deseas.

RINDE 4 PORCIONES

1 limón en cuñas

1 taza de sorbete de naranja roja

¾ de taza de tequila blanco

4 botellas de 12 onzas de cerveza ligera, fría

4 rodajas de naranja roja o naranja común, para decorar

1. Para cada porción, exprime el jugo de 1 cuña de limón en un vaso alto. Añade 1 cucharada heladera (aproximadamente ¼ de taza) de sorbete y 3 cucharadas de tequila y mezcla con una cuchara larga. En dos etapas, dejando que la espuma disminuya cada vez, cuidadosamente llena el vaso con cerveza. Adorna con una rodaja de naranja. Sirve inmediatamente.

té helado chica chica

Siempre tengo una jarra de té helado en el refrigerador. Cuando llego a casa después de un largo día de trabajo todo lo que tengo que hacer es mezclar un poco de limón y el azúcar en un vaso alto y añadir un poco de néctar de maracuyá y ron oscuro para hacer mi bebida favorita del verano. El maracuyá no es sólo rico en antioxidantes, sino que también es ampliamente utilizado para relajar el cuerpo y la mente. Así que ¡siéntate, deja de lado el estrés y disfruta!

RINDE 6 PORCIONES

1 bolsa de tamaño familiar de té helado o 4 bolsas de té negro común

4 tazas de agua hirviendo

4 limones, cortados en cuñas

¾ de taza de azúcar

1 taza de néctar de maracuyá

½ taza de ron oscuro

cubos de hielo

4 rodajas de limón

1. Coloca la(s) bolsa(s) de té helado en una jarra a prueba de calor. Vierte el agua hirviendo y deja reposar durante 5 a 8 minutos. El té debe quedar muy fuerte.

2. Mientras tanto, utilizando una mano de mortero común o para cócteles o el extremo de una cuchara de madera, machaca los limones y el azúcar en un recipiente mediano resistente al calor.

3. Vierte el té caliente sobre la mezcla de limón, presionando con fuerza las bolsas de té. Revuelve bien para disolver el azúcar. Añade el néctar de maracuyá y el ron. Revuelve hasta que se mezclen. Para servir, vierte en vasos altos con hielo y decora con las rodajas de limón.

bellini de cava y mango

Le di mi toque latino al bellini veneciano de puré de durazno y prosecco usando en su lugar puré de mango y cava. Sabrosa y fresca, esta burbujeante bebida es bienvenida en cualquier *brunch*. La cava es un vino espumoso blanco o rosado de España. La cava ha sido subestimada, es desconocida y está subvaluada. Una vez que la pruebes, podrás decir adiós a los costosos champanes franceses. Muchas cavas incluso se hacen de la misma uva que los champanes de calidad superior.

RINDE DE 6 A 8 PORCIONES

2 mangos, sin semilla, pelados y picados en trozos grandes

1 botella de 750 ml de cava seca, helada

1. Haz un puré con el mango en una licuadora.

2. Para cada porción, vierte 2 cucharadas de puré de mango en una copa de champán. En dos etapas, dejando que la espuma disminuya cada vez, llena cuidadosamente las copas con cava.

cóctel de champán y mandarina

¿Se trata de un cóctel? ¿O es un postre? ¡Es ambas cosas a la vez! Mezclo sorbete de limón con vodka y mandarinas, vierto la mezcla en copas altas o para margaritas y luego añado un poco de champán.

RINDE 4 PORCIONES

2 tazas de sorbete de limón

½ taza de mandarinas enlatadas, escurridas y enjuagadas

½ taza de vodka

¼ de taza de champán o vino espumoso

ramitas de menta fresca, para decorar

Haz un puré con el sorbete, las mandarinas y el vodka en una licuadora. Divide la mezcla en 4 copas altas. A cada una échale un chorrito (aproximadamente 1 cucharada) de champán, decora con la menta y sirve inmediatamente.

amado whisky

Los escoceses y otros whiskies son populares en toda América del Sur. Aunque la cerveza es mi primera elección cuando se trata de beber, también disfruto un buen vaso de whisky escocés con hielo. Nunca se me ocurrió mezclarlo con otros ingredientes hasta que llegué a Estados Unidos. Cuando me decidí a jugar un poco y crear algunos cócteles, me sorprendió gratamente ver lo bien que va el whisky escocés con hierbas y otros mezclas.

RINDE 2 PORCIONES

almíbar de menta:

½ taza de azúcar

½ taza de agua

¼ de taza generosa de hojas de menta fresca

cóctel:

6 cucharadas de whisky escocés

2 cucharaditas de almíbar de menta

1 cucharada de jugo fresco de limón

cubos de hielo

¾ de taza de ginger ale

ramitas de menta fresca, para decorar

rodajas de limón, para decorar

1. Para hacer el almíbar de menta, hierve el azúcar y el agua en una olla pequeña a fuego medio-alto, revolviendo hasta que el azúcar se disuelva. Retira del fuego y agrega la menta. Deja enfriar completamente. Cuela el almíbar en un recipiente pequeño con tapa, presionando con fuerza la menta. (El almíbar se mantendrá fresco, tapado y refrigerado, por un máximo de 2 meses).

2. Agita el whisky, el almíbar de menta y el jugo de limón en una coctelera con hielo hasta que esté bien frío y mezclado. Añade la ginger ale y revuelve suavemente.

3. Vierte, colando, en vasos llenos de hielo. Decora con la menta y las rodajas de limón y sirve.

pasiontini de frambuesa

No es necesario esperar al Día de San Valentín para disfrutar de este sexy cóctel hecho con vodka de frambuesa, pulpa de maracuyá, almíbar con infusión de romero y un poco de ginger ale.

almíbar de romero:

½ taza de azúcar

½ taza de agua

3 ramitas de 3 pulgadas de romero fresco

passiontini:

4 onzas de vodka con sabor a frambuesa negra, helado

¼ de taza de pulpa de maracuyá (disponible en la sección de congelados de los mercados latinos)

½ taza de almíbar de romero, helado

cubos de hielo

6 onzas de ginger ale, helada

2 frambuesas frescas, para decorar

2 ramitas de 3 pulgadas de romero, para decorar

1. Para hacer el almíbar de romero, hierve el agua y el azúcar en una olla pequeña a fuego medio-alto, revolviendo hasta que el azúcar se disuelva. Retira del fuego y añade el romero. Deja reposar durante 30 minutos. Cuela el almíbar en un recipiente pequeño con tapa, aplastando con fuerza el romero. Refrigera por lo menos 4 horas hasta que esté frío. (El almíbar se mantendrá fresco, con tapa y refrigerado, hasta por 2 meses).

2. Agita el vodka, la pulpa de maracuyá y el almíbar de romero en una coctelera con hielo hasta que esté bien frío y mezclado. Vierte, colando, en dos copas de martini grandes. Rellena cada una con ginger ale.

3. Pincha cada frambuesa con una ramita de romero (puede que tengas que quitar algunas de las hojas de la parte inferior para hacerlo) y coloca un pincho en cada copa. Sirve inmediatamente.

melontini de piña

El Midori, que significa verde en japonés, es un licor dulce con sabor a melón. Sólo un toque de este licor verde brillante equilibra los sabores en este veraniego cóctel de vodka y piña.

½ taza de vodka con sabor a naranja

¼ de taza de jugo de piña

¼ de taza de Midori

cubos de hielo

¾ de taza de soda de lima-limón, helada

trozos de piña fresca, para decorar

pinchos de madera de 2 a 3 pulgadas, para decorar

1. Agita el vodka, el jugo de piña y el Midori en una coctelera con hielo hasta que esté bien frío y mezclado.

2. Divide la mezcla entre 2 copas de martini o 2 vasos para cóctel y rellena cada una con la soda. Ensarta los trozos de piña en los pinchos y úsalos para adornar las bebidas. Sirve inmediatamente.

cocktailicious, ¡bebe tus calorías, chica!

ponche pícaro de santa nick

Cuando el actor/cantante de rap Nick Cannon y yo hicimos una fiesta, él me pidió que creara un ponche original para nuestros huéspedes. Las manzanas y el jengibre dicen Navidad, así que los mezclé con vodka, vino blanco y champán. Qué pícaro y delicioso para un gentío de fiesta.

RINDE DE 12 A 14 PORCIONES

- 1 taza de azúcar
- 2 tazas de vodka con sabor a jengibre
- 1 libra de manzanas dulces, como la Red Gala, sin corazón y cortadas en cubos de 1 pulgada
- 1 botella de 750 ml de champán o vino espumoso, helado
- 1 botella de vino blanco seco, como el pinot grigio
- 1 cuarto de galón de jugo de manzana, helado

1. Bate el azúcar y el vodka en un recipiente grande. Vierte la mezcla en una bolsa plástica con cierre, agrega las manzanas, cierra y refrigera por lo menos 8 horas y hasta un día.

2. Vierte las manzanas y su líquido de remojo en una ponchera grande. Agrega el champán, el vino y el jugo de manzana. Sirve, echando algunos cubos de manzanas en cada vaso.

CHICA TIP

> **Para evitar que el ponche se agüe, vierte jugo de manzana en un molde redondo y congela. Añádelo a la ponchera una vez que el ponche esté listo.**

sangría mexicana

La tradicional sangría española se prepara con vino blanco o tinto y algo de brandy, azúcar, fruta y agua con gas. Pero como soy una chica a la que le encanta jugar con las tradiciones en la cocina, se me ocurrió esta sangría de vino blanco y tequila. Si tus amigos son como los míos, probablemente tendrás que duplicar la receta.

RINDE 8 PORCIONES

1 taza de uvas verdes sin semilla

1 taza de tequila blanco

1 botella de 750 ml de vino blanco seco, como el pinot grigio

1½ taza de jugo de uva blanca embotellado

¼ de taza de jugo fresco de limón

2 cucharadas de azúcar extrafina

2 limones, cortados en octavos

1 cuarto de galón de agua con gas, más un poco para servir

hielo para servir

rodajas de limón, para decorar

1. Mezcla la uva y el tequila en una jarra grande. Deja reposar durante 1 hora.

2. Añade el vino, el jugo de uva, el jugo de limón, el azúcar y los limones y revuelve para disolver el azúcar. Agrega el agua con gas y revuelve suavemente. Vierte la mezcla en vasos llenos de hielo y rellena con agua con gas adicional, si lo deseas. Decora con las rodajas de limón y sirve.

jengibrito de coco

La cerveza de jengibre es una bebida carbonatada no picante pero enérgica que es muy popular en todo El Caribe. Decidí crear un cóctel con otros dos favoritos tropicales, el coco y el ron, y el resultado fue esta deliciosa mezcla.

RINDE 4 PORCIONES

¼ de taza de hojuelas de coco endulzado

1 cuña de limón grande

¾ taza de ron con sabor a coco

3 cucharadas de crema de coco, como la Coco López

¼ de taza de cilantro fresco

8 hojas de menta fresca

8 hojas de albahaca fresca

¼ taza de jugo fresco de limón

hielo picado

cerveza de jengibre, helada, para servir

ramitas de menta fresca, para decorar

1. Precalienta el horno a 350°F. Esparce el coco en una bandeja para hornear con borde. Asa aproximadamente 10 minutos, revolviendo ocasionalmente, hasta que esté ligeramente dorado. Deja que se enfríe completamente. Pica con la función de pulso en un procesador de alimentos o una licuadora hasta que quede finamente picado.

2. Humedece el borde de 4 copas de martini rozándolo con la cuña de limón. Esparce el coco en un plato. Rueda el borde exterior de cada vaso en el coco para cubrirlo.

3. Mezcla el ron, la crema de coco, el cilantro, la menta y la albahaca en una coctelera. Usa una mano de mortero normal o para cócteles —o el extremo de una cuchara de madera— machaca y mezcla las hierbas con los otros ingredientes. Agrega el jugo de limón y el hielo y agita hasta que esté bien frío y combinado.

4. Llena cada vaso con hielo picado. Vierte, colando, cantidades iguales de la mezcla de ron en los vasos. Rellena cada uno con cerveza de jengibre y decora con una ramita de menta. Sirve inmediatamente.

cocktailicious, ¡bebe tus calorías, chica!

mini trifles de mango, hierba
limón y maracuyá

un final feliz

Cuando se trata de postres soy exigente. Me gustan los postres que son rápidos de preparar y que tienen sólo un toque de dulzura. En general prefiero los postres con frutas, pero, como la mayoría de las chicas, ¡hay días en que tengo que comer chocolate o algún otro dulce!

Comer sano no significa renunciar a los postres para siempre. El secreto está en disfrutar de ellos con moderación. ¡Es más fácil decirlo que hacerlo, si eres alguien que ama los dulces! La buena noticia es que este capítulo ofrece recetas que satisfacen los antojos y mantienen tu figura. Cuando se asan, la piña y otras frutas se ponen aún más dulces y suculentas. Para una fácil preparación y una presentación impresionante, un pastel de ángel comprado en la tienda se puede rociar con un almíbar de hierba limón y maracuyá y cubrirse con capas de mango y yogur. Cuando se trata de tirar toda precaución al viento, es el momento para sopapillas mexicanas, esponjosas y calientes, recién salidas del aceite, rociadas con miel o espolvoreadas con azúcar.

granita de yogur de frambuesa con ricota

Las granitas me recuerdan a los raspados, unos conos de helado con almíbares de fruta de unos colores locos que vendían en la calle en Colombia cuando yo era niña. En lugar de hielo rallado, yo rallo yogur congelado con sabor a frutas en pocillos y encima le echo un poco de cremosa ricota batida con miel y ralladura de naranja.

RINDE 4 PORCIONES

3 contenedores de 6 onzas de yogur descremado de frambuesa

½ taza de ricota semi-descremada

2 cucharaditas de miel

ralladura fresca de 1 naranja

frambuesas frescas para decorar

1. Esparce el yogur en una bandeja para hornear de metal de 8 pulgadas cuadradas y cubre con papel plástico. Métalo al congelador por alrededor de 1 hora hasta que esté recién congelado.

2. Con los dientes de un tenedor, raspa el yogur helado para obtener escamas de hielo. Cubre de nuevo y vuelve a meterlo al congelador y deja congelar durante otros 30 minutos. Repite el proceso por alrededor de 2 horas en total en intervalos de 30 minutos hasta que el yogur esté escamoso y esponjoso.

3. Bate la ricota, la miel y la ralladura de naranja en un recipiente pequeño. Mete la mezcla en una bolsa plástica pequeña con cierre y aprieta la ricota hacia una esquina de la bolsa. Corta la esquina con unas tijeras para hacer una manga pastelera.

4. Con una cuchara echa cantidades iguales de la granita en 4 vasos pequeños para postres fríos. Con la manga pastelera echa un poco de la mezcla de ricota sobre cada uno y decora con las frambuesas. Sirve inmediatamente.

sorbete de mango con infusión de agua de rosas

¡Bienvenido a mi mundo de sorbetes hechos sin una máquina de helados! Mezcla almíbar de limón con mango congelado, un poco de vino blanco seco y un toque de agua de rosas para un sabor ligero y floral. Una vez que la mezcla esté congelada, sirve bolas del sorbete en tus vasos más bonitos. En lugar del mango, puedes usar fresas, duraznos, piña o cualquier combinación de tus frutas favoritas.

PARA HACER ALREDEDOR DE 1 CUARTO DE GALÓN, DE 4 A 6 PORCIONES

almíbar de limón:

1 taza de azúcar

¾ de taza de agua

ralladura fresca de 1 limón

sorbete:

3 mangos maduros, cortados en trozos y congelados, o 2 tazas de trozos de mango congelados

2 tazas de cubos de hielo

½ taza de vino blanco seco, como el pinot grigio

1 cucharadita de agua de rosas

ramitas de menta fresca, para decorar

CHICA TIP

! El agua de rosas, un agua clara y fragante hecha mediante la destilación de pétalos de rosa, es muy popular en platos dulces y salados del norte de África, Medio Oriente y América Latina. Un poco alcanza para mucho, úsalo con moderación o tu comida tendrá un sabor amargo. El agua de rosas se mantiene indefinidamente en un lugar fresco y oscuro.

1. Para hacer el almíbar de limón, pon el azúcar, el agua y la ralladura de limón a hervir en una olla pequeña a fuego medio, revolviendo hasta que el azúcar se disuelva. Reduce el fuego a bajo y cocina a fuego lento durante 1 minuto, asegurándote de que el almíbar quede suave. Retira del fuego y deja enfriar completamente.

2. Haz un puré con el almíbar frío, los trozos de mango congelado, el hielo, el vino y el agua de rosas en un procesador de alimentos por aproximadamente 2 minutos hasta que el hielo esté molido y la mezcla esté medio derretida. Pasa el sorbete a un recipiente hermético, tapa y congela por lo menos 1 hora hasta que esté lo suficientemente duro para mantener su forma. (El sorbete se puede mantener congelado hasta por 2 semanas).

3. Para servir, echa unas bolas en copas de martini heladas y decora con las ramitas de menta. Sirve congelado.

un final feliz

tacitas de chocolate mexicano horneadas

Amantes del chocolate, esto se convertirá en uno de sus favoritos. Tiene muchas capas y texturas diferentes de chocolate y muchas menos calorías que el mousse de chocolate u otros postres. La capa exterior es seca, casi como un *brownie*, mientras que el interior rezuma con chocolate fundido. ¡Sólo con escribir sobre ello se me hace agua la boca!

RINDE 4 PORCIONES

9 onzas de chocolate amargo, picado en trozos grandes (también puedes utilizar chips o trozos)

6 cucharadas (¾ de una barra) de mantequilla sin sal, cortada en cucharadas

½ cucharadita de chile en polvo

¼ de cucharadita de canela en polvo

4 huevos grandes, a temperatura ambiente

¼ de taza de azúcar

crema batida liviana, para servir

1. Precalienta el horno a 350°F.

2. Derrite el chocolate y la mantequilla en un recipiente mediano resistente al calor colocado sobre una olla mediana con agua hirviendo a fuego lento, revolviendo de vez en cuando. (El fondo del recipiente no debe tocar el agua). Retira el recipiente del fuego y agrega el chile en polvo y la canela.

3. Bate los huevos y el azúcar en otro recipiente mediano resistente al calor hasta que se mezclen. Colócalo sobre la olla con el agua hirviendo y bate por aproximadamente 1 minuto hasta que la mezcla de huevo esté caliente al tacto (lávate los dedos bien con agua y jabón antes y después de probar la temperatura). Retira del fuego. Con una batidora eléctrica a velocidad alta, bate la mezcla de huevo de 2 a 3 minutos hasta que esté suave y esponjosa y haya aumentado a más del doble en volumen.

4. Vierte la mezcla de huevo sobre la mezcla de chocolate y revuelve con una espátula de goma. Vierte en 4 ramequines de 5 a 6 onzas o tazas de café resistentes al horno. Dobla un paño de cocina para que quepa plano en un molde para hornear de 9x13 pulgadas. Coloca los ramequines sobre la toalla. Mete la bandeja al horno y deslízala hacia fuera en la rejilla. Con cuidado, vierte suficiente agua caliente para cubrir hasta la mitad cada uno de los ramequines por fuera y luego desliza con cuidado la rejilla con el molde de vuelta al interior del horno.

5. Hornea entre 15 y 20 minutos hasta que la parte superior se vea crujiente. Saca el molde del horno. Coloca cada ramequín en un plato para servir, encima échale una cucharada de crema batida y sirve de inmediato.

un final feliz

piña asada con crema al ron

¿Alguna vez has asado piña u otras frutas? Si no, aquí encontrarás un verdadero placer. El calor carameliza la fruta, intensificando su dulce sabor tropical. Sirve la piña con una cucharada de crema batida con ron o una bola de yogur helado para un postre de verano muy fácil. Lo único mejor que la piña asada sería un plato de frutas mixtas asadas: duraznos, nectarinas, plátanos, mangos o papaya.

RINDE 4 PORCIONES

8 rodajas de piña de ¾ de pulgada de espesor, pelada y sin centro

aerosol para cocinar con sabor a mantequilla

3 cucharadas de azúcar moreno oscura

1 taza de crema espesa

½ taza de azúcar pulverizada

2 cucharadas de ron blanco

¼ de taza de hojuelas de coco endulzado, tostado, para servir

ramitas de menta fresca, para decorar

1. Rocía las rodajas de piña con el aerosol para cocinar en ambos lados y frótalas con el azúcar moreno.

2. Bate la crema con una batidora eléctrica manual a velocidad alta en un recipiente mediano refrigerado hasta que espese. Añade el azúcar pulverizada y bate hasta que se formen picos firmes. Echa el ron y bate hasta que se formen picos firmes nuevamente. Refrigera hasta que esté listo para servir.

3. Calienta a fuego alto una bandeja para asar con bordes hasta que esté muy caliente. En tandas, echa la piña y asa por unos 3 minutos hasta que se dore y tenga marcas de la bandeja para asar, dándole vuelta una vez. (La piña también se puede asar en una parrilla al aire libre a fuego medio). Pásala a un plato y deja enfriar un poco.

4. Para cada porción, coloca 2 rebanadas de piña en un plato de postre. Encima echa una cucharada de la crema con ron, espolvorea con una cucharada de coco y decora con una ramita de menta. Sirve inmediatamente.

galletas de chocolate y avena

Utilizo puré de manzana sin azúcar y un toque de miel para reemplazar la mitad del azúcar en estas deliciosas galletas de avena. Pero no sientas que te han privado de un gusto, ya que hay chips de chocolate acanelados en cada bocado.

RINDE ALREDEDOR DE 2 DOCENAS

½ taza de puré de manzana sin azúcar

½ taza de azúcar (o cualquier otro endulzante natural granular)

1 huevo grande

1 cucharadita de extracto de vainilla

1 cucharada de miel

1 cucharada de aceite de oliva

1 taza de harina de trigo integral, tamizada

1½ taza de hojuelas de avena

½ cucharadita de polvo para hornear

½ cucharadita de bicarbonato de sodio

½ cucharadita de sal de mesa

1 cucharada de canela en polvo

½ taza de chips de chocolate semidulce

1. Coloca las rejillas en el tercio superior e inferior del horno y precalienta a 350°F.

2. Mezcla el puré de manzana y el azúcar en un recipiente mediano con una batidora eléctrica de mano a velocidad alta por aproximadamente 1 minuto hasta que estén bien mezclados. Añade el huevo, la vainilla, la miel y el aceite de oliva y mezcla bien.

3. En un recipiente, mezcla la harina, la avena, el polvo de hornear, el bicarbonato, la sal y la canela. Poco a poco añade la mezcla de avena a la mezcla de puré de manzana y revuelve hasta que se mezclen. Agrega los chips de chocolate y mezcla.

4. Usando una cuchara de té regular, pon cucharaditas de masa de galleta en dos bandejas con borde para el horno, forradas con papel para hornear, dejando por lo menos 2 pulgadas entre las galletas. Hornea de 14 a 16 minutos hasta que estén doradas y crujientes en los bordes, intercambiando las bandejas de rejilla a la mitad de la cocción, para que las galletas se cocinen uniformemente. Deja que se enfríen sobre rejillas de metal.

fresas con chispa

Puede sonar extraño, pero lo cierto es que el vinagre balsámico realza la dulzura inherente de las fresas frescas. Añado una pizca de pimienta de Jamaica a la mezcla y corono cada porción con una cucharada de crema batida y un poco de chocolate rallado para tener otro postre rápido, ligero y delicioso.

1½ libra de fresas, sin cabo y cortadas en cuartos

1½ cucharada de vinagre balsámico blanco

2 paquetes de .035 onzas de stevia

una pizca de pimienta de Jamaica

1 taza de crema espesa

½ taza de azúcar pulverizada

1 barra de 1,30 onzas de chocolate amargo con almendras, laminado con un pelador de verduras

1. Mezcla las fresas, el vinagre balsámico blanco, la stevia y la pimienta en un recipiente mediano. Deja reposar durante 20 minutos.

2. Para hacer la crema batida, bate la crema hasta que espese, usando una batidora eléctrica de mano a velocidad alta en un recipiente mediano refrigerado. Añade el azúcar pulverizada y bate hasta que se formen picos duros. Refrigera hasta que esté listo para servir.

3. Divide las fresas en 4 pocillos de postre y encima echa una cucharada de crema batida. Usando un pelador de verduras giratorio, lamina el chocolate sobre las fresas y la crema, y sirve inmediatamente.

budín de banana y almendra

Un budín de pan pesado y denso es la última cosa que quiero comer después de una gran comida, así que decidí que era hora de aligerar este postre clásico. Mi versión utiliza pan de trigo y miel, leche de almendras y bananas muy maduras, con un toque de ron con especias para un gusto más delicado y que mantiene tu figura.

RINDE DE 6 A 8 PORCIONES

aceite en aerosol para cocinar

4 tazas de leche de almendras con sabor a vainilla

4 huevos grandes

½ taza de azúcar moreno

3 bananas maduras, 1 molida y 2 cortadas en rodajas de ½ pulgada de espesor

2 cucharadas de ron especiado

½ cucharadita de canela molida

½ cucharadita de extracto de vainilla

una pizca de sal de mesa

12 rebanadas de pan de trigo y miel, cortadas en trozos cuadrados de 1 pulgada

¼ de taza de pasas oscuras

½ taza de almendras naturales, laminadas

1. Precalienta el horno a 375°F. Rocía un molde para hornear de 9x13 pulgadas con aceite en aerosol.

2. Bate la leche de almendras, los huevos y el azúcar en un recipiente grande. Añade, batiendo, la banana molida, el ron, la canela, la vainilla y la sal. Agrega el pan, las pasas y las bananas en rodajas. Revuelve suavemente y deja reposar durante 5 minutos, asegurándote de que el pan absorba parte del líquido. Extiende uniformemente sobre el molde para hornear. Espolvorea las almendras encima.

3. Hornea por unos 40 minutos hasta que el budín esté ligeramente inflado y se sienta firme cuando presiones ligeramente en el centro con la punta del dedo. Deja enfriar durante 15 a 30 minutos. Con una cuchara, echa una porción de budín en copas y sirve caliente.

mini trifles de mango, hierba limón y maracuyá

El trifle se hace generalmente con galletas de soletilla (ladyfingers) o bizcocho esponjoso empapado en ron o brandy, colocados en capas en una fuente de vidrio grande con frutas y crema batida o natilla. Esta chica coloca capas redondas de pastel de ángel comprado en la tienda, almíbar de hierba limón y maracuyá, mango y yogur en ocho copas o vasos pequeños de unas tres pulgadas de ancho, para un final elegante en cualquier cena.

RINDE 8 PORCIONES

almíbar de hierba limón y maracuyá:

1 tallo de hierba limón, sin las duras capas externas y el centro blando machacado

1 taza de agua

½ taza de azúcar

¼ de taza de pulpa de maracuyá congelada, descongelada

mini trifle:

1 taza de yogur griego natural descremado (2%)

2 paquetes de stevia de .035 o tu endulzante preferido

1 pastel de ángel comprado en la tienda

2 mangos (no muy maduros), pelados, sin semilla y cortados en cubos de ¼ de pulgada

ralladura de 1 limón, para decorar

1. Para preparar el almíbar, empieza por cortar la hierba limón. Corta el extremo inferior duro y la parte superior del tallo donde se une con la parte bulbosa más tierna. Corta una ranura a lo largo en la hierba limón y elimina las capas exteriores duras hasta llegar al bulbo interior más blando. En la tabla para cortar, machaca la hierba limón con la parte plana de un cuchillo de chef, luego pícala finamente.

2. Pon la hierba limón, el agua y el azúcar a hervir en una olla pequeña a fuego medio, revolviendo hasta que el azúcar se disuelva. Hierve vigorosamente durante 5 minutos y luego reduce el fuego a medio-bajo y cocina por unos 5 minutos hasta que el almíbar espese ligeramente. Deja enfriar y añade la pulpa de maracuyá.

3. Mezcla el yogur y la stevia en un recipiente pequeño hasta que se mezclen. Cubre y refrigera hasta que esté listo para usar.

4. Corta el pastel en trozos de 1 pulgada de grosor. Usando un cortador de galletas de metal de 3 pulgadas de diámetro o un molde circular, corta 16 trozos redondos.

5. Ten listos 8 vasos pequeños o copas de postre de vidrio de aproximadamente 3 pulgadas de ancho. Para cada trifle, coloca un trozo redondo de torta en un vaso. Rocía con 1 cucharadita de almíbar, unos cuantos cubos de mango y 1 cucharada de yogur. Repite. Ralla la cáscara de limón encima de cada trifle. Cubre cada vaso con papel plástico y refrigera hasta que se enfríe, por lo menos 1 hora y hasta 8 horas.

merenguitos de agua de rosas y frambuesa

Un poco de gelatina de frambuesa le da a estos esponjosos merengues bajos en grasa su delicado color rosa. El agua de rosas añade un sabor suave y floral a las galletas. Sirve estos dulces como acompañamiento de sorbete en una despedida de soltera u otra fiesta para chicas.

RINDE 5 DOCENAS

aceite en aerosol para cocinar

3 claras de huevo grandes, a temperatura ambiente

¼ de cucharadita de sal de mesa

¾ de taza de azúcar

1½ cucharada de gelatina con sabor a frambuesa en polvo, como la Jell-O

½ cucharadita de agua de rosas

¼ de cucharadita de vinagre blanco destilado

1. Coloca las rejillas en el tercio superior e inferior del horno y precalienta a 250°F. Rocía dos bandejas grandes para hornear con aceite en aerosol y cubre con papel para hornear (el aceite ayudará a proteger el papel).

2. Bate las claras de huevo y la sal en un recipiente grande, sin grasa, con una batidora eléctrica de mano a velocidad alta hasta que se formen picos suaves. Aún batiendo, incorpora gradualmente el azúcar y la gelatina de frambuesa en polvo y bate hasta que la mezcla forme picos duros y brillantes. Añade, batiendo, el agua de rosas y el vinagre.

3. Transfiere el merengue a una manga pastelera equipada con una punta de estrella de ½ pulgada de ancho. Utiliza la manga para hacer merengues de 1 pulgada de ancho, con una distancia de alrededor de 1 pulgada entre ellos, sobre las bandejas para hornear previamente preparadas. Hornea por aproximadamente 1 hora hasta que los merengues se vean firmes. Apaga el horno y deja que se enfríen y sequen completamente en el horno. Levanta con cuidado los merengues del papel para hornear y guárdalos en un recipiente hermético.

albaricoques bañados en chocolates

Estos son dulces muy fáciles de hacer; se preparan con albaricoques secos dulces, rico chocolate amargo y algunas mitades de castañas de cajú saladas; son el postre perfecto cuando estás buscando algo simple para servir a tus invitados. A menudo lleno una lata decorativa con estos dulces y lo llevo como regalo de la anfitriona en lugar de una botella de vino. ¡Un bocado perfecto cada vez!

RINDE ENTRE 30 Y 35 DULCES

½ taza de chips de chocolate semidulce

1 paquete de 7 a 8 onzas de albaricoques secos, preferiblemente orgánicos

¼ de taza de mitades de castaña de cajú

1. Cubre una bandeja para horno grande con papel para hornear.

2. Calienta los chips de chocolate a fuego lento en un recipiente pequeño resistente al calor colocado sobre una olla pequeña de agua hirviendo, revolviendo ocasionalmente, hasta que los chips estén casi, pero no completamente, derretidos. (El fondo del recipiente no debe tocar el agua). Retira del fuego y deja reposar por unos 5 minutos, revolviendo ocasionalmente, hasta que el chocolate esté completamente derretido y tibio.

3. Sumerge la mitad de un albaricoque en el chocolate, raspando parte inferior del albaricoque en el borde del recipiente para eliminar el exceso de chocolate. Coloca el albaricoque sobre la bandeja para hornear y pon una mitad de castaña de cajú encima de él. Repite el procedimiento con todos los albaricoques.

4. Refrigera aproximadamente 15 minutos hasta que el chocolate se endurezca. Sácalos de la bandeja y sírvelos fríos. Para almacenar, apila los dulces en un recipiente con tapa poniendo papel para hornear o encerado entre ellos y refrigera.

un final feliz

paletas heladas de piña y chipotle

¡Descubre al niño que hay en ti con estas paletas heladas para adultos! Piña y leche de coco se mezclan con una pizca de chipotle en polvo para darle sólo un toque de picor. Necesitas 8 moldes de 4 onzas para paletas heladas o 10 vasos de papel encerados de 3 onzas y 10 palitos de madera.

RINDE 8 PORCIONES

2 tazas de piña fresca, pelada, sin centro y picada gruesa

¼ de taza de agua

⅛ de cucharadita de chipotle en polvo

¾ de taza de leche de coco sin endulzar enlatada

2 paquetes de .035 onzas de stevia o tu endulzante preferido

1. En un procesador de alimentos, echa la piña, el agua, el chipotle en polvo, la leche de coco y la stevia y haz puré hasta que la mezcla esté completamente suave.

2. Vierte la mezcla de piña en 8 moldes para helado de 4 onzas o 10 vasos de papel encerados de 3 onzas. Métalos al congelador por al menos 4 horas hasta que se congelen (si utilizas vasos de papel, congela hasta que la mezcla de piña esté semisólida, luego inserta un palito de madera en el centro de cada vaso). Desmolda y sirve helado.

¡Date un gusto!
sopapillas

Cuando digo que me voy a dar un gusto con un postre, lo digo en serio. Y eso no significa una rebanada de pastel o un trozo de *pie*. Un postre gustoso para esta chica no puede ser otra cosa que estos triángulos de masa fritos, rociados con miel o espolvoreados con azúcar canela.

RINDE DE 12 A 18 SOPAPILLAS

2 tazas de harina para todo uso

2 cucharaditas de polvo para hornear

1 cucharada de azúcar

1 cucharadita de sal

2 cucharadas de manteca vegetal

¾ de taza de agua tibia, y más, según sea necesario

aceite de maní, para freír

miel o azúcar canela, para servir

1. Tamiza los ingredientes secos en un recipiente grande para mezclar. Agrega la manteca y el agua; amásalos con los dedos hasta formar una masa suave y flexible. Si la masa se siente muy seca, agrega más agua, 1 cucharadita a la vez. Haz una bola con la masa y envuelve en papel plástico. Refrigera por lo menos 1 hora hasta que se enfríe y esté lo suficientemente firme como para amasarla con un rodillo. (La masa se puede refrigerar hasta 1 día antes de hacer las sopapillas).

2. Desenvuelve la masa y córtala por la mitad. Trabajando con una mitad a la vez, sobre una superficie ligeramente enharinada y usando un rodillo para amasar enharinado, amasa hasta que cada mitad quede de alrededor de ¼ de pulgada de espesor. Usando un cuchillo para pelar o un cortador de pizza, corta la masa en 6 a 8 triángulos (como una pizza).

3. Vierte aceite suficiente para cubrir 2 pulgadas de una olla grande y pesada y calienta a 375°F (mídelo usando un termómetro para freír). Unos pocos a la vez, echa los triángulos en el aceite y fríe por unos 4 minutos, volteándolos cuando se inflen y suban a la superficie del aceite, hasta que estén dorados. Con una espumadera de metal o una cuchara calada, pásalos a toallas de papel o una bolsa de papel marrón para absorber el exceso de aceite. Deja enfriar un poco. Sirve caliente con la miel o el azúcar canela.

un final feliz

agradecimientos

ha sido gracias a un equipo dedicado de gente leal que he llegado a donde estoy hoy. Nunca se les ve, pero son la base y la columna vertebral de mi negocio. Ellos son los que han creído en mí y han estado a mi lado para ayudarme a lograr mis sueños.

Todos ustedes están mencionados aquí, ¡no tengo palabras para agradecerles! Les doy las gracias a todos por su apoyo, amistad, amor y sabiduría. Gracias desde el fondo de mi corazón.

Mi familia, que no importa lo que haga, siempre salta a bordo y me apoya, ayuda y anima. Mamá y papá, ustedes predican con el ejemplo. Me enseñaron el significado del trabajo duro y lo que es tener pasión por lo que uno hace. Su amor y cariño me han dado fuerza y coraje. Ustedes me inspiran. Los dos me enseñaron el amor por la comida. Mamá, trabajaste conmigo desde el primer día sólo porque creías en mí. Mi hermana Johanna, cuyas habilidades de mercadeo, conocimiento, amor y consejos me ayudaron a iniciar y echar a andar el sueño de la marca *Delicioso*. Mi hermana Annelies y mi cuñado Jossy, por las horas interminables metidas en mis contratos y por asesorarme, prestar su casa para sesiones de fotos, etc. Mis apuestos y amables sobrinos, de los cuales estoy muy orgu-

llosa: Franco, Diego y Joshua. Mi tía Marlene, por alentar mi lado creativo. María Gómez por cuidarme desde el principio.

mi equipo chica worldwide

Delia Leon, eres *Delicioso*, mi productora, mi VP, mi amiga, eres mi cabeza, mi mano derecha e izquierda, el corazón y el alma de esta empresa. Eres muy valiosa para mí. Has estado conmigo en las buenas y en las malas y has evitado que me desmorone en los momentos oscuros. Tu resistencia, dedicación, pasión y arduo trabajo son para ser admirados. Me has enseñado tanto, sobre todo lo que significa la lealtad inquebrantable. No podría haber sobrevivido los últimos siete años sin ti. Gracias por aguantarme y por sostener la fortaleza y las puertas y por siempre protegerme.

Andrés Gómez, por tu trabajo duro, paciencia y amor. Aliza Stern, por hacer la transición *Delicioso*-Univision mucho más fácil y por toda tu dedicación, pasión y arduo trabajo.

Cathy Tomaiconza y Teresa Ramos, gracias por cuidar de mí y de mi casa.

Gracias a mi publicista y amiga, Rebecca Brooks, y las chicas en Brooks Group. Diana Barón de DBaron Media y María Inés por todo su increíble trabajo de RRPP. Lisa Shotland, Rick Marroquin y el resto del equipo en CAA, gracias por apoyarme y por su duro trabajo. Jamie Roberts, por tus consejos. Mi agente literario David Kuhn, de Kuhn Projects, y su equipo, por una vez más ayudarme a hacer otro libro realidad.

mi equipo para el libro

Gracias al equipo de Celebra/New American Library por creer en mi visión.

A mi colaboradora, Harriet Bell, por no rehuir al más loco de los plazos. Para Andrew Meade, amigo y fotógrafo extraordinario, gracias por capturar mi esencia una vez más. Barbara Fritz, por el excepcional arte de utilería. Para el mejor y más dinámico dúo de estilistas de alimentos, Tami Hardeman y Abby Gaskins. Para el equipo de Little River Studio, Maureen Lutchejko y Susan Russo. Gracias a todos por ayudarme a crear un libro del que me siento muy orgullosa.

en buena compañía

Luis Balaguer/Latin World Entertainment, ¡la primera puerta a la que llamé y sigo llamando! Has sido mi maestro y profesor. Julia Dangond, mi primera productora. Estás y siempre estarás en mi corazón con inmensa gratitud. Marla Acosta y Angela Fischer, por asegurarse de que siempre luzca lo mejor posible.

Univision Networks: Cesar Conde, por creer en mí. Margarita Black, María López Álvarez, Luis Fernández, Vanessa Pombo, el equipo de *Despierta América*, el equipo de *Delicioso con Ingrid Hoffman*, a mi co-anfitriona y una dama de primera clase, Maggie Jiménez, gracias. Un agradecimiento muy especial a Rick Alessandri, por creer en mí y hacer todo lo posible para apoyarme.

a mi equipo en tfal

Gracias por su colaboración en mi primera línea de productos y por siempre enviarme ollas y sartenes a donde quiera que esté.

A la familia Coca-Cola, me siento orgullosa de tener la oportunidad de conocer lo que significa la familia Coca-Cola. Ustedes son el ejemplo de lo que las empresas estadounidenses deberían ser.

a mis amigos

Mis abogados no pagados y amigos, Steve Weinger y Andrew Ellenberg, por asesorarme siempre con amor y dedicación y estar ahí para mí.

Jackie y Jonathan Chariff, por su infinito amor, apoyo y consejos.

Toni Almeida, entrenador y mentor espiritual, por tus veintitrés años de amistad, eres parte de mi familia. Cristine y Marc Tobin, Michelle y Scott Baena, Karla y Lizzy Dascal, Amy Zakarin, Lara Shriftman, Suzy Buckley, Lisi, Chabela, Hannah, Susan B., Paloma, Emma A., Alitza, F. Vivi, Alan R., Martin K., Henry P., Kenneth N., su apoyo, amor, consejo y amistad incondicional han significado el mundo para mí.

Paul Bacardi, mi novio y amor, gracias por siempre cocinarme comidas *Delicioso* cuando estoy cansada. Adoro compartir la comida contigo.

agradecimientos

índice

acerca de la autora

Ingrid Hoffmann, originaria de Colombia, desarrolló un amor por la cocina cuando era niña durante el tiempo que pasó cocinando con su madre, chef entrenada en el Cordon Bleu. Siendo adolescente, trabajó en el negocio de catering y el restaurante de su madre. Al mudarse a Miami, abrieron un restaurante juntas. Como creadora y presentadora del programa *Delicioso* de Univisión y *Simply Delicioso* en el Cooking Channel, Ingrid se ha convertido sin duda en la más importante autoridad en la cocina y estilo de vida latino, y su marca Delicioso se ha convertido en una de las marcas de comida más reconocidas, confiables y entretenidas de Hispanoamérica. En 2011, Ingrid fue nombrada Master Chef del Año en los premios Flavors of Passion, creados y diseñados para honrar a los mejores chefs latinos de la nación. Visítela en www.ingridhoffmann.com y www.univisiondelicioso.com.